Wortsalat und Silbenschlange
Sprache spielerisch entdecken

urania

Elke Müller-Mees

Wortsalat und Silbenschlange

Sprache spielerisch entdecken

Zum Thema bereits erschienen:

Elke Müller-Mees
Es fragt die bunte Kuh: »Wer bist denn ...?« Sprach- und Wortspiele für Kinder
ISBN 3-332-01336-X

Elke Müller-Mees
Kinderspiele für alle Sinne
ISBN 3-332-01437-4

Elke Müller-Mees
Kindersketche für Familienfeste
ISBN 3-332-01298-3

Elke Müller-Mees
Neue Weihnachtsgedichte für Kinder
ISBN 3-332-01341-6

Elke Müller-Mees
Der neue Verseschmied für Hobbydichter
ISBN 3-332-01189-8

Ingeborg Düffert
Kinderverse für Familienfeste
ISBN 3-332-01087-5

Hajo Bücken
Spiele für die Familie
Über 150-mal Spaß für drinnen und draußen
ISBN 3-332-01295-9

Die Autorin: Dr. phil. Elke Müller-Mees ist gebürtige Berlinerin und lebt als freie Autorin in Mülheim an der Ruhr. Sie hat zahlreiche erfolgreiche Ratgeber, Sachbücher, Film-Scripts, Jugendbücher und Kurzgeschichten veröffentlicht.
Für den Urania Verlag schrieb sie »Der neue Verseschmied für Hobbydichter«, »Kindersketche für Familienfeste«, »Kinderspiele für alle Sinne, »Neue Weihnachtsgedichte für Kinder« und »Kindertheater in der Weihnachtszeit«.

Die Deutsche Bibliothek – CIP-Einheitsaufnahme
Ein Titeldatensatz für diese Publikation ist bei Der Deutschen Bibliothek erhätlich.

www.verlagsgruppe-dornier.de
www.urania-verlag.de

Der Urania Verlag ist ein Unternehmen der Verlagsgruppe Dornier GmbH

Umschlaggestaltung: Behrend & Buchholz, Hamburg
Titelfoto: zefa/pixland/Jean-Michel CORNET
Zeichnungen: Martin Schulze, Berlin
Lektorat: Gabriele Betz, Tübingen
Satz: Rund ums Buch – Rudi Kern, Kirchheim/Teck
Druck: Westermann Druck Zwickau
Printed in Germany

ISBN 3-332-01580-X

Hugo Ball »Karawane«, aus Best, Otto F./Schmitt, H.-J.; Expressionismus und Dadaismus, Reclam Verlag, Ditzingen 1978

Liebe Leserin, lieber Leser ...

Spiele mit Buchstaben und Silben, mit Wörtern und Sätzen, mit Reim und Rhythmus machen Lust und wecken Neugier auf Sprache.

Sprache ist magisch – und der spielerische Umgang mit ihr beflügelt. Wir lösen Kreuzwort- und Silbenrätsel, tüfteln am Rebus herum. Wir lassen uns überraschen von Vielfältigkeit und Mehrdeutigkeit der Sprache. Wir sind verblüfft über Teekesselchen-Wörter, lachen über Scherzgedichte, lassen uns von der Wortmagie eines Zauberspruchs gefangen nehmen.
Sprachspiele haben Magie. Spiele mit Buchstaben und Silben, mit Wörtern und Sätzen, mit Reim und Rhythmus machen Lust und wecken Neugier auf Sprache. Lust und Neugier – ist es nicht das, was Sie für Ihr Kind wollen? Im spielerischen Umgang mit Sprache seine Kreativität fördern, seinen Lerneifer wecken, es neugierig auf Bücher und eigene Lese-Erfahrungen machen? Sprachspiele bereichern den Wortschatz, erweitern die Sprachkompetenz und fördern die Intelligenz. Sprache ist das grundlegende Element des Denkens. Ohne Sprache sind wir nicht nur sprachlos. Sprachspiele vermitteln dem kindlichen Gedächtnis effiziente Strategien, um inhaltliche Informationen schneller aufzunehmen, länger und besser zu speichern.
Sprachspiele, Worterfindungen, Buchstaben-, Silben-, Wort- und Reimspiele unterstützen das zentrale auditive Gedächtnis, das Zentrum der Wortschatzschöpfung. Sprachspiele trainieren das phonologische Bewusstsein und entwickeln und verfeinern dabei das Sprachgefühl. Ihr Kind lernt spielerisch, Buchstaben und Laute zu Silben zu vereinigen, Silben zu sinnvollen Wörtern und Wörter zu sinnvollen, der Syntax entsprechenden Sätzen zu kombinieren.
Sprachspiele wenden sich an den Spieltrieb, machen wissbegierig, lassen sich mit etwas Fantasie spontan variieren, weiterführen und neu erfinden. Sie sind gut gegen Langeweile, an trüben Nachmittagen oder auf langen Autofahrten ...

Sprachspiele sind gut gegen Langeweile, an trüben Nachmittagen oder auf langen Autofahrten.

Sprachspiele können Sie mit Ihrem Kind, kann Ihr Kind allein oder mit Freunden spielen.
Dieses Buch bietet Ihnen vielfältige Sprachspiele mit Buchstaben, Wörtern, Silben und Sätzen. Es wendet sich vor allem an Kinder zwischen sechs und zehn Jahren; aber auch Kleinere und Größere werden sich von der Magie der Sprache gefangen nehmen lassen und ihren Spaß daran haben. Es ist ein Buch für die Kinderhand. Lassen Sie Ihr Kind darin lesen, malen, schreiben, einkleben. Und wenn Ihr Kind noch nicht lesen kann, lesen Sie vor, lassen Sie nachsprechen, auswendig lernen, und lösen Sie gemeinsam die Aufgaben.

zeigt, dass Sie Ihrem Kind vorlesen oder helfen müssen.

● ●● ●●● kennzeichnen den Schwierigkeitsgrad.

macht deutlich, dass es um Sprache als Klang geht, dass laut gesprochen oder gelesen werden soll.

! bezeichnet Merksätze, die Sie Ihrem Kind vorlesen können oder auch nicht.

Die Lösungen zu den einzelnen Aufgaben findet Ihr Kind nicht im Text, sondern im Buch auf den Seiten 111–112.

Und nun viel Spaß!

Elke Müller-Mees

Buchstabensuppe nicht nur für ABC-Schützen

Buchstaben sind in jedem Falle
dein Baustoff. Aber kennst du sie alle?
Wo stellst du sie hin? Ergeben sie Sinn?
Wie sehen sie aus? Wie hören sie sich an?
Was man wohl damit alles machen kann?
Sind sie schwierig und ernst? Oder zum
Lachen?
Kannst du Geheimschrift und Späße draus
machen?
Lern sie erst kennen –
dann darfst du dich Buchstaben-
baumeister nennen.

Buchstaben fischen

- Fische dir aus der Buchstabensuppe deinen Namen.

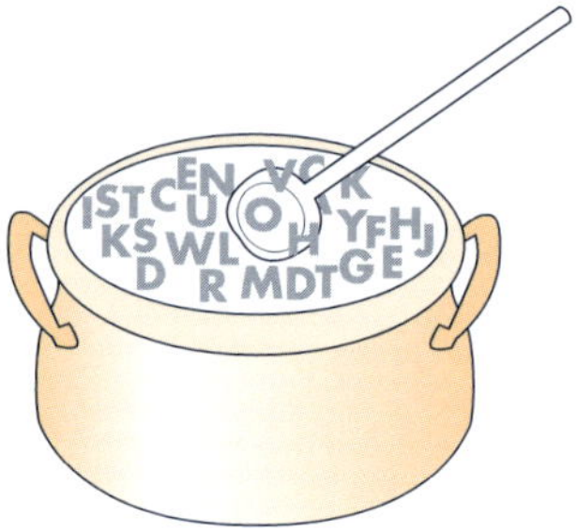

Ich heiße

____

Wenn du nicht alle Buchstaben findest, musst du kräftig rühren. Dann findest du auch noch

____

ABC-Gedichte und Schlangenwörter

Lesen Sie Ihrem Kind die Gedichte vor, lassen Sie es nachsprechen.

Das ABC zu lernen, ist gar nicht schwer. Diese Gedichte helfen dir dabei:

Holdrio und juchhe,
jetzt kann ich das ABC.
Heute bin ich sehr gut drauf
Und drum sage ich es auf:
ABCDEFG HIJKLMNOP QRSTUVW XYZ
Jetzt kann ich das ABC,
holdrio und juchhe!

A B C D E F G
Heute tut der Kopf mir weh,
H I J K L M N O
Ach, mein Kopf, der brummt ja so.
PQRST und U
Ach, lasst mich doch bloß in Ruh.
VWX und Ypsilon
Ja, das habt ihr nun davon.
Ganz zum Schluss kommt das Z.
Darum geh ich jetzt ins Bett.

Schau genau hin! Hier haben sich Buchstaben versteckt. Fülle die Kästchen mit den fett gedruckten Buchstaben farbig aus.

B	B	B	B	B	B	B	B	B
B	B	B	B	B	B	B	B	B
B	B	B	B	**A**	B	B	B	B
B	B	B	**A**	B	**A**	B	B	B
B	B	**A**	**A**	**A**	**A**	**A**	B	B
B	**A**	B	B	B	B	B	**A**	B
A	B	B	B	B	B	B	B	**A**
B	B	B	B	B	B	B	B	B
B	B	B	B	B	B	B	B	B

_____ _____

A	A	A	A	A	A	A	A
A	A	**B**	**B**	**B**	A	A	A
A	B	**B**	A	A	**B**	A	A
A	A	**B**	A	A	**B**	A	A
A	A	**B**	**B**	**B**	A	A	A
A	A	**B**	**B**	**B**	A	A	A
A	A	**B**	A	A	**B**	A	A
A	A	**B**	A	A	**B**	A	A
A	A	**B**	**B**	**B**	A	A	A
A	A	A	A	A	A	A	A

Ich heiße Elke. Hast du schon gewusst, dass man mit Namen zaubern kann?

Zaubert eine gute Fee: weie weie wee,
wird aus Elke grüner Klee.
Zaubert eine böse: weie weie wekel
wird daraus ein richtiges Ekel.

Ich heiße ________________________________

●● Ist in deinem Namen auch ein Zauber versteckt?

Aus meinem Namen wird ________________________

Hast du einen Lieblingsbuchstaben?
Kennst du viele Wörter, die mit deinem Lieblingsbuchstaben anfangen?

●● Zeichne deinen Lieblingsbuchstaben groß auf, male ihn aus und lege eine Wörtersammlung an.

Isabell
Igel
ist
Imbiss

● Dein Name und dein Lieblingsbuchstabe sind etwas ganz Besonderes. Darum kannst du sie auch auf besondere Weise hinschreiben.

Schreibe deinen Lieblingsbuchstaben mit dem Zeigefinger in Sand. Versuche es dann mit der linken Hand.

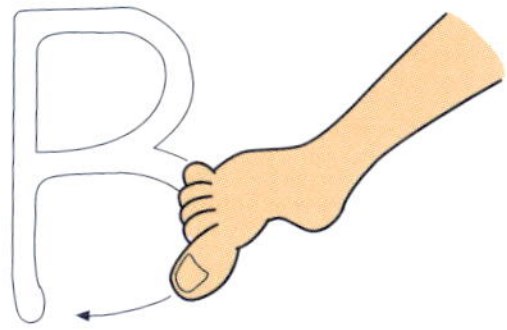

Du schreibst deinen Namen in den Sand am Strand. Dein dicker Zeh ist der Stift. Und wie geht es mit dem linken Fuß? Sammelst du gern Muscheln am Strand? Oder Steine?
Prima, wenn du genug hast, schreib deinen Namen und deinen Lieblingsbuchstaben mit Muscheln oder mit Steinen.
Lass deine Fantasie spielen. Findest du eine Art zu schreiben, die dir besonders gut gefällt? Das wäre doch eine Möglichkeit, deine Bücher oder deine Spielsachen zu kennzeichnen.

Willst du eine Botschaft an deine Freundin oder deinen Freund schreiben, die niemand so schnell entziffern kann? Dann musst du eine Geheimschrift wählen.
Meine Geheimschrift beruht auf einem einfachen, aber tollen Code:
Du schreibst das ABC auf und zählst die Buchstaben durch, also: a = 1, b = 2, c = 3 usw.

Möchtest du mal einen besonderen Gruß zum Geburtstag verschicken? Oder zu Weihnachten und Neujahr?
Lass doch die Großeltern raten, was du ihnen hier wünschst:

6 18 15 8 5 19 + 6 5 19 20

7 21 20 5 14 + 18 21 20 19 3 8

Für dieses Spiel wünsche ich dir:

22 9 5 12 + 5 18 6 15 12 7

______________ ____________________

+ 2 5 9 13 + 11 14 15 2 5 12 14

________________ __________________________

●● Um das B kreiseln hier Buchstaben, die zusammen mit dem B ein Wort ergeben. Kennst du sie?

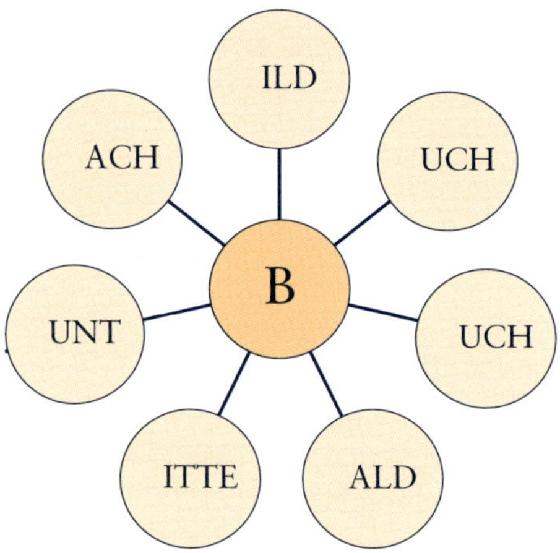

B ______________

B ______________

B ______________

B ______________

B ______________

B ______________

B ______________

Welcher Buchstabe muss hier in die Mitte?

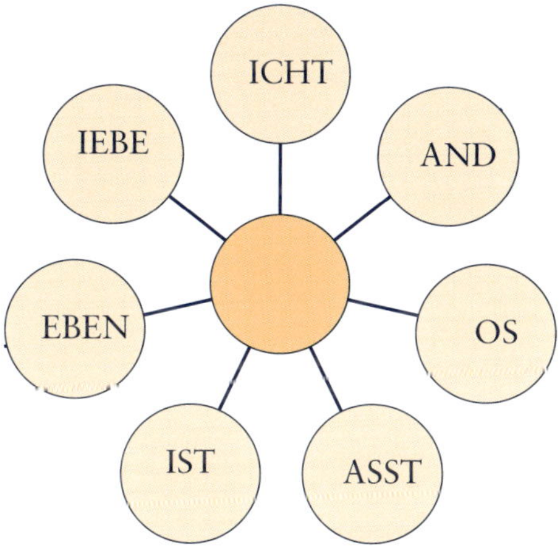

Helfen Sie Ihrem Kind bei diesen Bilderrätseln.

Klein und groß, das ist fein:
Hier tanzen Tiere Ringelreihen:

Lies die Tier-Wortschlange laut vor. Geht das so einfach? Nimm einen Farbstift und kreise den Buchstaben ein, der beiden Tieren gehört.

M A U S P A T Z E B R A M S E L Ö W E S E L A M M A U S

Und nun schreibe die Namen der Tiere der Reihe nach auf.

Mann, oh Mann,
schau dir diese Schlange an.

●● Nur auf den ersten Blick ist dieses Spiel vertrackt. Probiere aus, wie viele Schlangenwörter dir noch einfallen.

Haus Schiff Fahne Esel Leberwurst T________________

●●● Mach ein Spiel für dich und deine Freunde daraus. Zuerst legt ihr die Regeln fest: z.B. kein Wort darf zweimal vorkommen, Tätigkeitswörter sind erlaubt ...

Und so wird nicht nur dein Wortschatz erweitert, sondern zusätzlich dein Gedächtnis trainiert:

Du beginnst:	Haus
Deine Freundin wiederholt und sagt:	Haus Schiff
Dein Freund wiederholt und sagt:	Haus Schiff Fahne
Du fährst fort:	Haus Schiff Fahne Esel
usw.	

● Ein Rätsel soll es für dich sein
und du rätst es ganz allein:
Magst du nicht gehn, willst du ausruhn,
kann dieses Tier für dich das tun.
Wenn du es suchst in Labyrinthen,
ist ganz vergebens deine Müh.
Du fängst es leicht, ohne zu sprinten:
Es liest von vorn sich und von hinten.
Erst dann, dann heißt es: hott hott hü!

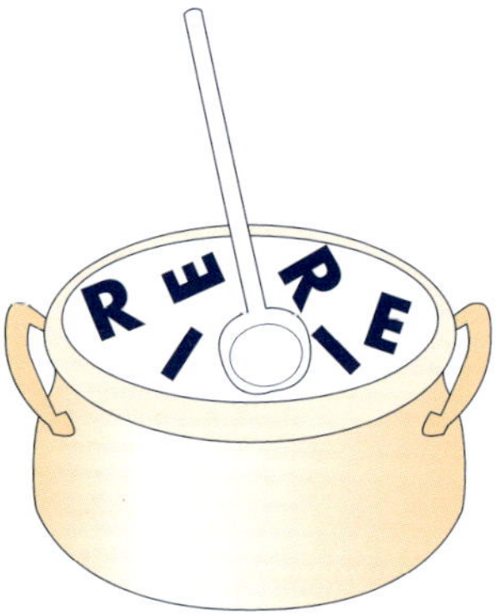

Hier musst du die Buchstaben aus der Buchstabensuppe einsetzen:

			T	T			

Vokale und Eselwörter

Malen Sie die Vokale auf den Fingernagel des Kindes. Ihr Kind legt den Finger in die Lücke und versucht zu lesen.

- Sieh ganz genau hin:
  Mit welchem Laut ergibt sich Sinn? A E I O U

H.....SE	H.....LFE	H.....MMEL
H.....ND	H.....FEN	H.....NTEN
H.....MD	H.....T	H.....LPRIG
H.....HN	H.....SS	H.....NGRIG

Du malst mit einem Buntstift A E I O U auf die Finger deiner linken Hand. Lies laut und zeige den richtigen Finger!

An meiner Hand die Finger
sind seltsame Dinger:
Auf dem Daumen hier das A
brauche ich für ANNA ja.
Vom Zeigefinger hier das E
ist nötig, wenn ich ESEL seh.

Vom Mittelfinger hier das I
ist für IGITT gut und für SKI.
Am Ringfinger das runde O
macht jeden OTTO wirklich froh.
Am kleinen Finger hier das U
braucht der UHU zum SCHUHU.

Sieh noch mal genauer hin!
Ergibt das Wort denn einen Sinn?

●● Kreise das Wort farbig ein, das einen Sinn ergibt.

ASEL	ESEL	ISEL	OSEL	USEL
WALD	WELD	WILD	WOLD	WULD
HAMMEL	HEMMEL	HIMMEL	HOMMEL	HUMMEL
SPATZ	SPETZ	SPITZ	SPOTZ	SPUTZ
TASCHE	TESCHE	TISCHE	TOSCHE	TUSCHE
BARG	BERG	BIRG	BORG	BURG

PAPA PEPE PIPI POPO PUPU

● Setz dich auf deine vier Buchstaben.
Und welche sind das? ______________
Du musst dringend, aber was? ______________
Und wenn man PIPAPO sagt, ist das ganze Drum und Dran gemeint.

a – e – i – o –u   sind Selbstlaute.
Auch dies sind Selbstlaute:
ä – ö – ü – ai – au – äu – ei – eu

! Selbstlaute (= Vokal, von dem lateinischen Wort vokalis = klingender Laut) klingen von ganz allein, sie brauchen keine anderen Laute.

● Das sind Flinki und Grollo, der flinke Zwerg und der grollende Riese. Kannst du dir vorstellen, was Flinki angestellt hat, um Grollo zu ärgern? Erzähl eine Geschichte.

Nun ist der Riese dran, den Zwerg zu ärgern.
Gib beiden neue Namen und erzähle wieder eine Geschichte.
Schreibe die Namen für den Zwerg und den Riesen auf.

Stell dir vor, der Zwerg heißt Flonku und der Riese Grilli.
Ist der Zwerg dann noch flink? Grollt der Riese noch?

●● Erfinde noch andere Namen. Für einen guten Zwerg, für einen bösen Zwerg, für einen guten Riesen, für einen bösen Riesen.

Ein guter Zwerg heißt: ________________

Ein böser Zwerg heißt: ________________

Ein guter Riese heißt: ________________

Ein böser Riese heißt: ________________

Lassen Sie Ihr Kind Namen suchen.

Hast du ein Haustier? Auch wenn du keines hast, macht es dir bestimmt Freude, Namen zu erfinden für einen

großen, dicken, lieben Hund ______________________________

kleinen, lustigen Hund ______________________________

schlafmützigen Hamster ______________________________

verschmusten Zwerghasen ______________________________

bunten, gemächlichen Schwarmfisch ____________________

eine dicke, schnurrende Katze ______________________

_______ _______ _____ _______ _______

Fingerzeichen als Buchstaben? Du kennst sie bestimmt und schreibst den passenden Vokal darunter.

Wenn Flinki und Grollo miteinander reden, kannst du sie manchmal nicht verstehen. Denn der Zwerg und der Riese haben ihre A-, E-, I-, O- oder U-Tage. Sie geben sich mit den Fingern ein Zeichen, damit der andere weiß, was für ein Tag heute ist.
Es ist Donnerstag, an einem kalten Herbsttag. Hör dir das an!

Lesen Sie Ihrem Kind den Text laut vor. Lassen Sie es mitsprechen. Sprechen Sie die Sätze mit Ihrem Kind als Dialog.

Verstehst du das?
Flinki: Hulf mur buttu, Grullu! Dur Suck ust schwur.
Grollo: Tut mur lud, uch hubu kunu Zut. Uch muss Hulz huckun, dumut uch nucht fruru.
Flinki: Ubur dur Suck ust suhr schwur.
Grollo: Und dur Wuntur ust suhr kult.

Lies den Text laut. Verstehst du ihn dann besser?

Zwei Tage später – es ist Samstag – steht der kleine Zwerg wieder vor Grollos Höhle. Er ist traurig. Denn sein schwerer Sack liegt immer noch vor seiner Hütte.

Flinki: Hilf mir bitti, Grilli! Dir Sick ist schwir.
Grollo: Tit mir lid, ich hibi kini Zit. Ich miss Hilz hickin, dimit ich nicht friri.
Flinki: Ibir dir Sick ist sihr schwir.
Grollo: Ind dir Wintir ist sihr kilt.

Auch diesen Text musst du unbedingt laut lesen. Das klingt sehr spaßig. Spiel mit einer Freundin, mit einem Freund Flinki und Grollo.

Tipp!
Kannst du mit dem Computer umgehen? Kennst du das Word-Programm? Dann probier mal folgendes aus:
Schreibe einen kleinen Text. Klick auf >Bearbeiten<, dann auf >Ersetzen<.
Es öffnet sich ein Feld:

Suchen nach: ______________________________
Ersetzen durch: ______________________________

Oben gibst du den Vokal ein – z. B. i, der durch den unteren – z.B. a – ersetzt werden soll. Dann klickst du auf >ersetzen<.

Der Lyriker Ernst Jandl liebte Sprachspiele. Er hätte seine Freude daran, wenn du eine Strophe seines Gedichtes »ottos mops« verwandelst. Versuche es mit allen Vokalen. Lies laut und entscheide, welche Version am besten klingt.

Hier das Original.	*Schreib deinen Text daneben.*
ottos mops trotzt	______________________
otto: fort mops fort	______________________
ottos mops hopst fort	______________________
otto: soso	______________________

Mach aus der Zwerg-Riesen-Sprache ein Spiel für dich und deine Freunde. Mit etwas Übung werdet ihr euch bald prima unterhalten können. Das ist auch toll, wenn andere nicht mitbekommen sollen, worüber ihr redet.

Ernst Jandl sagt auch: Lechts und rings darf man nicht verwechseln. Erkennst du, was er gemacht hat? Richtig, er hat zwei Buchstaben ausgetauscht. Kreise sie mit einem Farbstift ein.
Du siehst, du kannst in einem Text nicht nur Vokale, sondern auch Konsonanten austauschen, wie Jandl zum Beispiel: r und l.

Kinder-Chinesisch ist dagegen ganz einfach. Chinesen sprechen so nicht. Darum würde dich in China niemand verstehen. Es wird nur so genannt, weil Chinesen kein R aussprechen können. Lies laut!

Also, lan, liebe Kindel,
del Spaß ist lichtig gloß und glade lecht für Legentage.

Ein Lied zum Schluss? Das wäre prima!
Drei Chinesen mit dem Kontrabass …

Rätst du, wer gemeint ist? Lies laut und betone deutlich.

In Hand und Land bin ich so kurz
Wie mein Freund in bunt und schnurz.
Doch sein Zwilling in Mus und Gruß
Ist lang wie in Ruhe, Rute und Fuß.
Erscheint mein Zwilling in Tag und Tadel,
In Rad und Tat, in Bad und Nadel,
ist er lang wie auch in Adel. ____________________

Lesen Sie Ihrem Kind deutlich betont vor. Lassen Sie nachsprechen.

Lang oder *kurz*? *l* oder *k*?
Du findest es heraus, wenn du laut liest. Schreibe l oder k hinter das Wort.

a	*l–k*	e	*l–k*	i	*l–k*	o	*l–k*	u	*l–k*
Lachen		Esel		Bibel		oder		Tube	
Laken		essen		dir		Trommel		Ruder	
dann		besser		Himmel		Tor		Busch	
kam		Besen		Gift		dort		nun	
Harke		Teller		Licht		Ofen		du	
Haken		gelb		Liter		oft		munter	

Toll, jetzt weißt du: Vokale können lang und kurz gesprochen werden.

Es wissen alle ja,
der Esel macht: I A.

Wenn Sie das alte Kinderlied kennen, singen Sie mit Ihrem Kind gemeinsam.

Es tanzt der Bi-Ba-Butzemann in unserm Kreis herum, widebum.
Es tanzt der Bi-Ba-Butzemann in unserm Kreis herum.
Er rüttelt sich, er schüttelt sich, er wirft sein Säckchen hinter sich.
Es tanzt der Bi-Ba-Butzemann in unserm Kreis herum.

Ob du es glaubst oder nicht, es gibt eine Menge i – a – oder Eselwörter. Findest du heraus, wieso? Benutze einen Buntstift.

B i – B a – B u t z e m a n n
R i - r a – r u t s c h
L i – r u m l a – r u m L ö f f e l s t i e l
K o r i – K o r a - K o r i n t h e n m a n n

I – A – Wörter kommen oft in Kinderliedern oder in Gedichten vor.
Warum wohl? Was meinst du? Lies die Wörter laut.

Findest du noch mehr I – A – Wörter?

Du kannst sie auf deine eigene W i – W a – W e i s e erfinden.

Ri-Ra-Reiner liebt Li-La-Lisa.

Klingende Buchstaben und Konsonanten

Sprache klingt, Sprache ist Klang.

Der Bräutigam, der kommt mit Braut.
Manch Buchstabe mit einem Laut.

Lesen Sie die Verse vor. Lassen Sie Ihr Kind nachsprechen.

Lies das Gedicht laut. Kannst du die letzten beiden Zeilen sprechen? Wie klingt das denn?

Bang beng bing bong bung
Dang, deng, ding, dong, dung
klingt die Glocke hier mit Schwung.
Fehlen Vokale in diesem Text,
ist der Klang total verhext:
Bng bng bng bng bng
Dng dng dng dng dng.

! Bei Mitlauten (= Konsonanten, von dem lateinischen Wort consonare = mitklingen Laut) klingt immer ein Selbstlaut (Vokal) mit.

Was ist das denn? Lies laut, dann findest du heraus, was gemeint ist.

VAUWE ? ______________________

BEEMWE ? ______________________

Das ist das ABC ohne Vokale. Lies laut und versuche, ohne Vokale zu sprechen. Vielleicht musst du das zwei- oder dreimal üben:

b – c – d – f – g - h – j – k – l - m – n - p – q – r – s – t – v – w

Und jetzt die Vokale: a – e – i – o – u

Und nun sag noch einmal das ganze ABC auf:
a – b – c – d – e ...

Dick und **D**oof
Kimme und **K**orn

Mann oh **M**ann
Lust und **L**aune

Gleiche Buchstaben binden Wörter zusammen. Das klingt. Das fällt auf und prägt sich gut ein. Du findest solche Verbindungen in der Umgangssprache, aber auch in Gedichten und Geschichten.

Lesen Sie die Redewendungen vor. Betonen Sie die dick gedruckten Buchstaben, lassen Sie nachsprechen. Versteht Ihr Kind, was die Redensarten bedeuten? Kann es eine Geschichte dazu erzählen?

Lies diese Redewendungen laut und betone die dick gedruckten Buchstaben.

mit **K**ind und **K**egel
bei **W**ind und **W**etter
nach **L**ust und **L**aune
drunter und **d**rüber
fix und **f**ertig

! Diese Buchstabenverbindungen nennt man auch Buchstabenreime oder Alliteration.

Kannst du dazu eine Geschichte erfinden? Prima, erzähle.

Findest du noch mehr Redewendungen? Schreibe sie auf.

____

____

Buchstaben machen SINN.
Muss ein S her, müssen zwei SS hin?

Du bist dran und findest die Antwort schnell heraus. Am besten geht das, wenn du laut liest.

Ich ha……e dich, du blöder Ha……e.
Denn du hast eine na……e Na……e.

Es schadet, wenn zu rau die Winde
bla……en dem bla……en Kinde.

Hundera……en auf dem Ra……en
sind sich selbst überla……en, wie wir la……en.

t oder tt? m oder mm? Auch bei diesen Buchstaben hängt es vom Sinn des Wortes ab. Du setzt richtig ein:

Lass mich ra……en, es sind Ra……en.
Er ka…… ohne seinen Ka…….
Er harkte mit einer kru……en Harke die Kru……en.
Die sa……en Menschen leben von guten Saa……en.

Zungenbrecher sind ein gutes Training für eine deutliche Aussprache.

Lies laut, lerne auswendig. Wie schnell kannst du ihn aufsagen?

Nicht zu fa…en, wie sie ha…en diese Ha…en bla…er Ra…en.
Darum la…en sie die Ha…en auf dem na…en Ra…en gra…en.

Ein einziger Buchstabe, das weißt du nun, kann entscheidend für den Sinn sein. Wenn du dieses Rätsel löst, weißt du, wessen Tante dort stehen kann.

Siehst du **eine** Tante stehn?
Mit **m** gehört sie mir.
Mit **d** lass ich sie einfach gehn,
denn dann gehört sie dir.

Klar, es ist **m**.............. Tante oder **d**.............. Tante.

Lesen Sie Ihrem Kind den Vierzeiler vor. Lassen Sie es den Namen deutlich betonen.

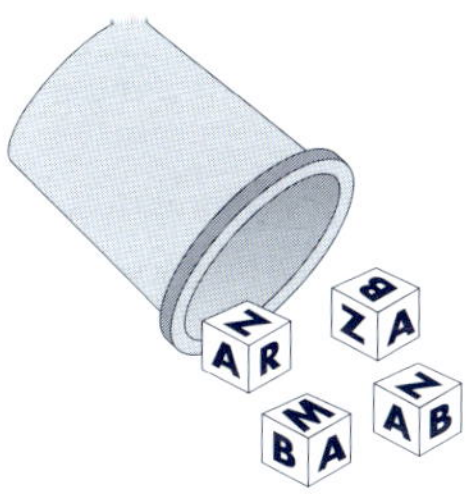

Wenn Rambazamba kräftig schüttelt
und sogar seinen Namen rüttelt,
wird aus Rambazamba
schnell ein Zambaramba.

Buchstaben kann man so schütteln, dass sich neue Wörter ergeben. Das gibt oft lustige Zweizeiler, die Schüttelreime.

Lies die Verse laut. Welche Buchstaben sind geschüttelt? Kreise sie mit einem roten und mit einem grünen Stift ein.

Sieh doch bloß, der **St**inkel**h**ein,
er trägt einen **H**inkel**st**ein.

Ein Gespenst mit **N**acht**l**icht,
glaubt mir nur, das **l**acht **n**icht.

Ob ein Gespenst mit **N**acht**m**ütze
manchmal sich **m**acht **n**ütze?

●●● Hier kommen drei schwere Schüttelrätsel. Kein Problem für dich.

Es nagt die **Maus**, man glaubt es kaum,
voll Gier an meines Kleides ....

Der Affe meint: Das ist apart.
Mein **Rat** ist von ganz andrer ....

Mit Riesenkoffern auf seine **Weise**
macht der **Riese** eine ....
und er wähnt sich im Paradiese,
kommt er auf eine grüne ....

Zugvogel ist der hübsche **Star**, und oft im Winter Gast.
Am Vogelhaus, da macht er ja am allerliebsten ....

Vergiss nicht, auch hier laut zu lesen.

●●● Und nun noch eine richtige Schüttelreim-Rätselnuss mit fester Schale. Mal sehen, ob du sie knacken kannst.

Der Gärtner sammelt drin das Wasser.
Der Sänger braucht's und wird nicht nasser.

Lautmalereien und geheime Wörter

Es weckt der Hahn so laut wie nie
dich früh um fünf: Kikeriki.

● Der Buchstabensalat sagt dir, wie Hund und Katze sprechen.

Es macht der Hund ....
Die Katze macht ....
Der Vogel macht ....
Der Esel macht ....
Die Kuh macht ....

●● Jetzt umgekehrt. Welches Tier spricht so mit dir?

wauwau	wuff	piep	tschilp	quakquak
....	....	....	....	....
muh	kuckuck	sumsum	schuhu	kikeriki
....	....	....	....	....
tucktuck	sss sss	ia ia		
....	....	....		

! Ahmst du Geräusche mit Lauten der Sprache nach, nennt man das Lautmalerei.

Welches Tier magst du am liebsten? Male es.

Auch viele Gegenstände in deiner Umgebung machen Geräusche. Du kannst sie durch Laute nachahmen.

Helfen Sie Ihrem Kind, indem Sie die Geräusche vorlesen. Geben Sie ihm dabei die Gegenstände in die Hand: das Feuerwehrauto, den Laster oder die Uhr.

●● Kennst du die Geräusche? Sicher kannst du sie in dem Gedicht richtig zuordnen:

Tatütata	dingdong
klackklack	ticktack
brummbrumm	

Die Feuerwehr ist sehr schnell da.

Du hörst schon ihr ....

Lauter noch als jeder Gong

macht die Glocke hier ....

Absätze machen laut ....

Meine Uhr, die macht ....

Auf der Straße – das ist zu dumm –

macht der Laster laut ....

! Buchstaben sind Laute. Laute werden erst laut, wenn sie gesprochen oder gesungen werden. Dazu brauchst du deine Stimmbänder und eine gute Atemtechnik. Eine Sängerin, ein Schauspieler kommen ohne Atemübungen nicht aus. Auch dir gelingen beim Sprechen Laute besser, wenn du richtig atmest.

Lesen Sie Ihrem Kind den Text vor. Lassen Sie es dazu ausgiebig seufzen, stöhnen, hauchen, pusten.
Wiederholen Sie diese Übung so oft wie möglich. Sie werden merken, dass Ihr Kind bald leichter spricht und singt. Regen Sie auch größere Kinder dazu an, die Atemtechnik mit Pusten und Stöhnen zu verbessern.

Heute geht Grollo aber auch alles schief.
Die Axt ist nicht mehr scharf. Das Holz lässt sich nicht spalten. Ein Holzscheit ist ihm auf die Hand gefallen. Regen zieht auf und sein Freund kommt nicht. Da kann Grollo nur eins: Er ***stöhnt****, er* ***pustet*** *über seine Hand, er* ***seufzt*** *und* ***stöhnt*** *wieder, er* ***haucht*** *über seine Hand.*

Stell dir vor, du bist ein Gespenst.
Du schleichst durchs Haus und rufst: Huuuh huuuh huuuh

Leg deine Hand auf deinen Bauch. Rufe wieder wie ein Gespenst. Spürst du etwas?
Gut, das ist dein Zwerchfell, das vibriert.

Lass deine Hand auf dem Bauch liegen und ruf laut:
hiiih hiiih hiiih und iiih iiih iiih

Was spürst du nun?
Gar nichts? Toll. Denn das ist gut und richtig so. Du machst gerade eine wichtige Entdeckung:
Du hast entdeckt, wo beim Sprechen in deinem Körper Widerhall (Resonanz) erzeugt wird. Das sind deine Resonanzräume.

! Resonanz = vom lateinischen resonare = widerklingen;
I erzeugt Widerhall im Stirnbereich, A im Brustbereich,
U im Zwerchfell

Hohe Laute erzeugen die Resonanz in deinem Kopf, tiefe Laute in deinem Körper.
Je tiefer der Laut ist, desto tiefer im Körper spürst du die Resonanz.

Und nun staunst du: ah – oh – uh - iih – eh !

Deine Stimme klingt besonders gut, wenn es dir mühelos gelingt, von hohen Lauten zu tiefen Lauten und umgekehrt von tiefen zu hohen Lauten zu wechseln.
Am besten übst du es mit I-A-Wörtern: Bibabutzemann – rirarutsch – tritratrallala

Ein geheimes Wort ist Rätsel pur.
Allein mit Schlüssel löst du es nur.

Helfen Sie Ihrem Kind beim Entziffern dieser Botschaften. Hier geht es auch um Verständnisprobleme und Denkprozesse.

Wenn du auf zwei Pappstreifen das ABC schreibst, kannst du die Leisten untereinander legen und gegeneinander verschieben. Etwa so:

A	B	C	D	E	F	G	H	I	J	K	L	M	N	O	P	Q	R	S	S	U	V	W	X	Y	Z

	A	B	C	D	E	F	G	H	I	J	K	L	M	N	O	P	Q	R	S	S	U	V	W	X	Y	Z

Willst du das Wort FEE schreiben, suchst du dir auf dem oberen Streifen die Buchstaben für das Wort, nimmst aber den Buchstaben, der auf dem unteren Streifen steht. Also:

F E E
E D D

●● Und was heißt das, bitte schön?
Du findest es schnell heraus und schreibst es hin.

H B G A H M D K J D

....

Jetzt verschlüsselst du selbst.

O T T O I S S T E I S

....

So, und nun verschlüssele das Wort AFFE.
Was? Dir fehlt in dem unteren Pappstreifen der Buchstabe für das A?

Stimmt.
Wenn du die ABC-Streifen gegeneinander verschiebst, ergibt sich ein Problem. Du kannst manche Wörter nicht schreiben, weil dir Buchstaben fehlen.
Willst du nun für sehr geheime Botschaften den unteren Streifen um zwei Buchstaben oder sogar um fünf oder acht Buchstaben weiterschieben, fehlen dir immer mehr Buchstaben.
Dieses Problem hat ein kluger Mann gelöst.

Geh nicht auf den Leim.
Das ist **streng geheim**.
Ich benutze Cäsars Scheibe,
wenn ich einen Brief dir schreibe.

DQ SDXO XQG SDXOA!

NRPPW XP PLWWHUQAFKW CXP VFKORVV
LFK HUZDUW HXFK KRFK CX URVV.
GDV QAFKWJHVSHQVW

Du verstehst den Brief nicht, verstehst überhaupt nur Bahnhof?
Kein Wunder!
Um geheime Botschaften lesen zu können, brauchst du den Schlüssel.
Hier ist er:

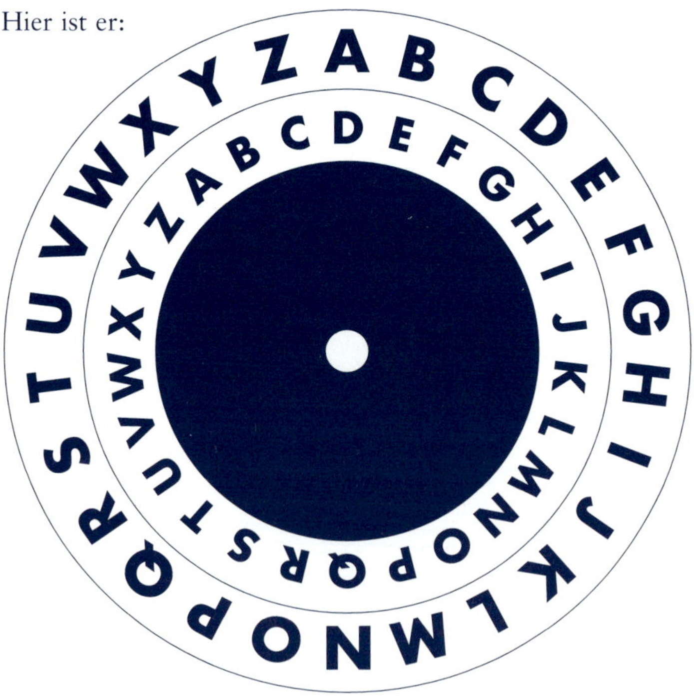

Schau dir die Alphabet-Scheibe genau an.
Wie viele Stellen hat Cäsar das große Alphabet weitergedreht?
Prima, das stimmt: drei Stellen weiter nach rechts.

Wenn du nun das äußere ABC als Grundlage für deine Botschaft benutzt, wird so aus P ein S, aus A ein D, aus U ein X und aus L ein O, also: Paul = SDXO

Du kannst natürlich auch das innere ABC als Grundlage für geheime Nachrichten verwenden. Dann wird aus P ein M, aus A ein X, aus U ein R und aus L ein I, also: Paul = MXRI

Jetzt findest du sicher heraus, ob der Briefschreiber das äußere oder innere ABC zur Grundlage seiner streng geheimen Botschaft auf der vorigen Seite gemacht hat.
Was schreibt er dir denn?

Du möchtest mit Freunden auch streng geheime Botschaften austauschen? Kein Problem! Eine Cäsarscheibe könnt ihr euch basteln.
Das brauchst du dazu:
Bleistift, Filzstift, Zirkel, Winkelmesser, Lineal, 2 Stück festen Karton, etwa 120 x 120 mm groß, 1 Reißzwecke, Büroklammer oder Briefverschlussklammer, 1 Stück Flaschenkorken

Zuerst musst du zwei unterschiedlich große Kreisscheiben mit jeweils 26 Segmenten herstellen. Dazu schlägst du mit dem Zirkel einen Kreis mit dem Halbmesser vom z.B 60 mm und vom selben Mittelpunkt aus einen kleineren Kreis mit einem Halbmesser von 45 mm.

Die Einteilung in 26 Segmente ist schwieriger.
Mathematiker gehen so vor und du auch: Die Kreislinie ist ein Vollwinkel von 360°. Du teilst 360 durch die Anzahl der Segmente, also: 360° : 26 = 13,85°.

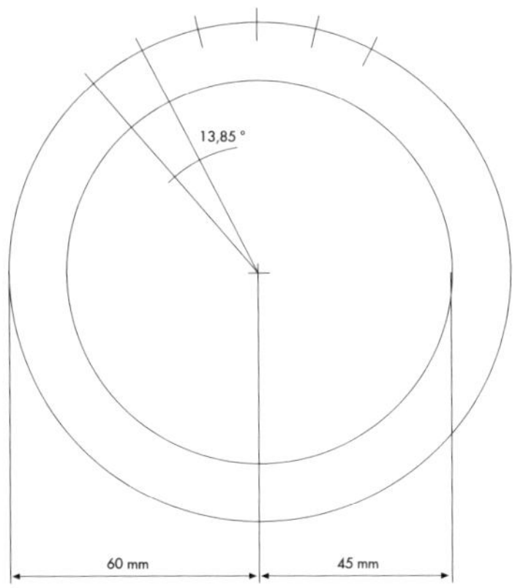

Nun ziehst du mit dem Lineal vom Mittelpunkt des Kreises aus eine gerade Linie zu einem beliebigen Punkt auf dem Kreisbogen. Du legst den Winkelmesser an diese Gerade und trägst 13,85° auf dem Kreis ab.
Wenn du die Strecke der beiden Schnittpunkte auf dem Kreisbogen nun in den Zirkelfuß nimmst, kannst du nacheinander alle 25 weiteren Segmente auf dem Kreisbogen auftragen. Dann verbindest du mit dem Lineal die gegenüberliegenden Schnittpunkte miteinander. Achte darauf, dass sie durch den Mittelpunkt gehen.
Bei der kleineren Scheibe machst du es genauso.
Schreibe die Buchstaben in die Randfächer der Kreisscheiben. Stecke eine Reißzwecke durch den Mittelpunkt der kleinen, dann der großen Kreisscheibe. Nimm ein Stück Flaschenkorken und pieke ihn auf die Spitze, damit du dich nicht verletzt. Fertig? Prima. Nun legst du mit deinen Freunden fest, um wie viele Buchstaben ihr die Scheibe weiterdreht. Und natürlich auch, ob ihr das innere oder äußere Alphabet benutzt.

MPPQ, PQOKD GBEBFJ !

Von der Silbe zur Silbenschlange

Silben wollen dein Baustoff sein,
das bringt Spaß und das ist fein:
Möchtest du Silben raten,
mit Silben Wörter bauen?
Silbenmonster oder Pyramiden schauen?
Du kannst auch Silben trennen,
Silben zum Klingen bringen.
Oder du kannst Silben klatschen,
stampfen oder singen.

Silbensuppe und Wortbaustellen

Kannst du aus dieser Silbensuppe Wörter herausfischen?

____

____

Betonen Sie bei den folgenden Silbenspielen die Silben. Ob Sie vorlesen oder bei den Spielen helfen oder Ihr Kind nachsprechen lassen, immer müssen die Silben deutlich hörbar sein.

Lies laut und betone so, dass du die Silben hörst.
Nimm einen Farbstift und trenne die einzelnen Silben. Kreise die Silben ein, die ein selbstständiges Wort bilden und schreibe auf:

groß Mut-ter Groß-mut-ter Rad Fahr-rad Fahr-rad-schlauch Fahr-rad-sat-tel Kas-per Pup-pe Kas-per-le-pup-pe Wol-le Woll-knäu-el Woll-so-cken Bahn fahr Kar-te Bahn-fahr-kar-te

Es gibt viele Wörter, die nur eine Silbe haben. Hier ein paar Beispiele:

du das Maus rennt Haus an groß Mops kotzt zwei und dann mein für wir

●● Welche einsilbigen Wörter fallen dir auf Anhieb ein? Ergänze.

____

____

Übrigens: Einen Menschen, der wenig spricht, nennt man einsilbig.

● Du bist ein toller Baumeister und kannst sogar mit Wörtern bauen.

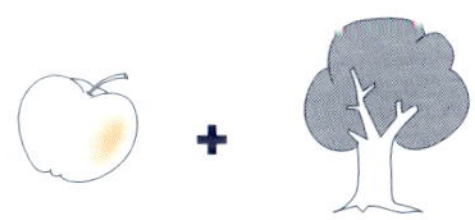
= ____________________

= ____________________

= ____________________

= ____________________

●● Ein toller Baumeister kann natürlich auch mit diesen Wörtern bauen.

Eigen + Tor = ____________________
Zeige + Stock = ____________________

Spielerisch und nebenbei lernt Ihr Kind mit den Silbenspielen *konkret* und *abstrakt* zu unterscheiden. Helfen Sie ihm, indem Sie bei dem Baumeister-Spiel zu den Bildern fragen:
Kannst du einen Apfel sehen? In die Hand nehmen? Anfassen?

●● Du bist Wort-Baumeister. Dein Baumaterial sind Wörter.
Du packst sie aufeinander. Stein auf Stein.

Gras + Halm	=	....	Hund + Hütte	=	....
Herd + Platte	=	....	Blumen + Vase	=	....
Blei + Stift	=	....	Kinder + Zimmer	=	....

Grollo, der manchmal schwer von Begriff ist, fragt dich nun:
Kann ich dein Baumaterial mal sehen?
Kannst du mir GRAS, HALM und HUND und HÜTTE zeigen?

Was antwortest du ihm?

●●● Und wieder ist auf deiner Wortbaustelle ein neuer Sack mit Silben-Material angekommen. Bau aus diesen Silben Wörter.

APFEL KOPF FLUSS AXT SPECK

Streit	+	....	=	....
Über	+	....	=	....
Zank	+	....	=	....
Kummer	+	....	=	....
Dumm	+	....	=	....

HALS BANK HEIDEN TIER BILDER

....	+	Raub	=	....
....	+	Rätsel	=	....
....	+	Schutz	=	....
....	+	Weh	=	....
....	+	Angst	=	....

Und wieder fragt Grollo: Kann ich dein Baumaterial mal sehen? Kannst du mir STREIT und AXT, BANK und RAUB zeigen?

Was antwortest du ihm?

Du schreibst auf, was du ihm nicht zeigen kannst.

____

____

Einfach toll! Du hast es erkannt. Nicht alles lässt sich zeigen und anfassen. Damit Grollo versteht, was Streit oder Raub sind, erkläre es ihm.

Auch das ist toll! Jetzt weißt du, was das ist: konkret und abstrakt.

! KONKRET = gegenständlich, zum Anfassen, wirklich
ABSTRAKT = nicht gegenständlich, begrifflich, nur gedacht

Und jetzt frage ich dich: Welche Silben haben diese Tiere gemeinsam?

....

....

....

....

Jetzt geht's ans Silbenzählen

Jetzt probierst du noch viel mehr:
Sil – ben tren – nen ist nicht schwer.

- Du trennst die Silben und zählst sie. Dann kreist du mit Buntstiften die einzelnen Silben verschiedenfarbig ein.

Maus	…	Fell	…
Mäuse	…	Felle	…
Mauseschwanz	…	Hundefell	…
Mäuseschwänze	…	Hundebürste	…

Schreib hinter jedes Wort, wie viele Silben es hat.

Donnerwetter! Was wird denn das?
Die Monster bauen eine Silbenpyramide.

Maus, Mäuse, Mauseloch.

●● Gib den Monstern ihre Silbenfüße.

Hier war ein gewitzter Baumeister am Werk und hat für dich eine gewaltige Silbenpyramide gebaut.

Lies sie laut.

Hund
Hunde
Hundehaar
Hundehaare
Hundehaarausfall
Hundehaarausfallstipp
Hundehaarausfallskrankheit
Hundehaarausfallsmedizin
Hundehaarausfallserscheinungen
Hundehaarausfallsbekämpfungsmittel

Gefällt sie dir?
Dann male ein ganz besonders schönes Silbenmonster dazu.

Du bist aber auch ein guter Baumeister.
Du schaffst es bestimmt auch, eine Silben-Pyramide zu bauen.
Auf wie viele Silben kommst du?
Hast du den Trick erkannt?

Silben-Pyramiden sind ein toller Zeitvertreib. Mache einen Wettbewerb mit deiner Freundin oder deinem Freund. Ihr werdet ganz viele neue Wörter dabei kennen lernen.

●● Hier merkst du schnell, ob du die Sache verstanden hast und die Silben richtig trennen kannst.

Füße	Ritter	Nebel
Leute	netter	übel
heute	Retter	Kübel
Käferchen	kunterbunt	Giraffe
bescheuert	Hundenapf	Kieselstein
Erfindung	verlaufen	gelaufen
fieberhaft	verschlafen	violett
musikalisch	Krabbelkäfer	melancholisch
einzigartig	Kichererbse	Rumpelstielzchen
Käsekuchen	Autobahnmaut	Albernheiten

Lassen Sie Ihr Kind raten. Sie helfen nur, wenn es nötig ist. Sprechen Sie deutlich, lassen Sie nachsprechen.

Silbenrätsel sind lustig. Sie zu raten, macht Spaß.

● Drei kleine Wortmonster kommen hier auf dich zu. Sie suchen die passenden Silben für ihre Füße.

FEI ERT PAUL FA SCHING

Wie musst du die Silben verteilen? Schreibe in jeden Fuß eine Silbe.

●● Wenn du die Silben richtig ordnest, kannst du die richtige Antwort geben. Damit es leichter geht, darfst du die verbrauchten Silben durchstreichen.

BIN ME ICH GROß ZWEI TER *Richtig* *falsch*

....

GER KAT MILCH NE MÖ ZEN GEN

....

LE IN SCHU ICH DIE GE HE

....

●●● Jetzt wird es schon ein bisschen vertrackter.
Richtig oder falsch – das ist hier nicht leicht zu entscheiden.
Warum?

MIT SPU TER GE UM SPEN KEN NACHT STER

....

LER ALS FEN SCHILD DE LAU KRÖ HUN TEN SCHNEL

....

Sportlich wie du bist, fällt es dir leicht, fünf Sport-Begriffe aus diesen Silben zusammenzusetzen.

Ski gen Eis ball tanz schnell lett
ab lauf Fuß spiel sprin fahrts Bal lauf

Lesen Sie das Gedicht laut vor. Lassen Sie Ihr Kind mitsprechen. Betonen Sie die Silben am Versende. Unterstützen Sie die Betonung durch Klatschen und Stampfen.

Ich hab mit blöden Af-
fen im Zoo nicht viel zu schaf-
fen. Sie sitzen auf den Bäu-
men, wo sie ganz faul nur träu-
men, wo sie Bananen lut-
schen, auf roten Hintern rut-
schen und durch den Käfig wu-
seln. Für mich ist das zum Gru-
seln!

Silben klingen – die einen mehr, die anderen weniger.

Du findest die klangvollen Silben schnell heraus, wenn du die Silben laut liest.

kom – men	Kra – gen	Rin – gel – schwänz – chen
sa – gen	Ho – se	Lo – cken – köpf – chen
lau – fen	Kä – fer	En – gels – zun – gen
brüll – te	Bra – ten	Ad – ler – flü – gel
hör – ten	Ge – spenst	Ge – heim – nis

Unterstreiche mit einem Farbstift in jedem Wort die Silbe oder die Silben, die mehr klingen.

●● Du stellst die Silben zu Wörtern zusammen.
Auch jetzt darfst du wieder die verbrauchten Silben durchstreichen.

kom fen gen sa te lau ten brüll men hör
spenst se Ho fer ten Ge Kra gen Ge Kä Bra
schwänz Lo heim gel Rin cken chen köpf chen ler
En zun gel Ad gen flü nis gels

● Silben kannst du auch klatschen. Jede Silbe bekommt einen Schlag.

Haus Maus Moor Tor Tür für ein Bein Hand fand
Kra – gen tra – gen Tür – me Stür – me Spi – nat Spa - gat
Le – ber – wurst Af – fen – zahn Dro – me – dar Ge – heim – nis
Ver – liebt – heit Ver – schwen – dung Schwert – spit – ze
kun – ter – bun – te Rin – gel – schwänz – chen Hüh- ner – lei – ter

Unterstreiche auch bei diesen Wörtern die klingenden Silben mit einem Farbstift.
Nun klatschst du noch einmal, aber nur wenn die Silbe klingt.
Bei den einsilbigen Wörtern fällt dir das nicht schwer.
Etwas schwieriger wird es bei den zwei- und mehrsilbigen Wörtern.
Wie oft musst du bei den dreisilbigen Wörtern klatschen?
Wie oft bei den viersilbigen?

Den richtigen Rhythmus zu finden, ist wirklich nicht leicht. Es wird dir helfen, wenn du deine Füße zu Hilfe nimmst. Du stampfst die Wörter aus der vorhergehenden Aufgabe im Rhythmus der Silben. Der schwarze Fuß steht für die klangvolle Silbe, da trittst du besonders fest auf.

Kra – gen tra – gen Spi – nat Ge – heim – nis

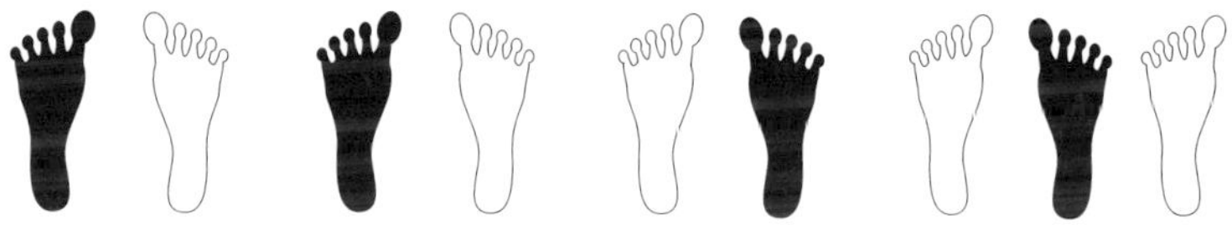

Das klappt bei diesen Wörtern wunderbar.

Zu den folgenden drei- und viersilbigen Wörtern stampfst du einfach diesen Rhythmus:

Schwert – spit – ze Dro – me –dar Rin – gel – schwänz –chen

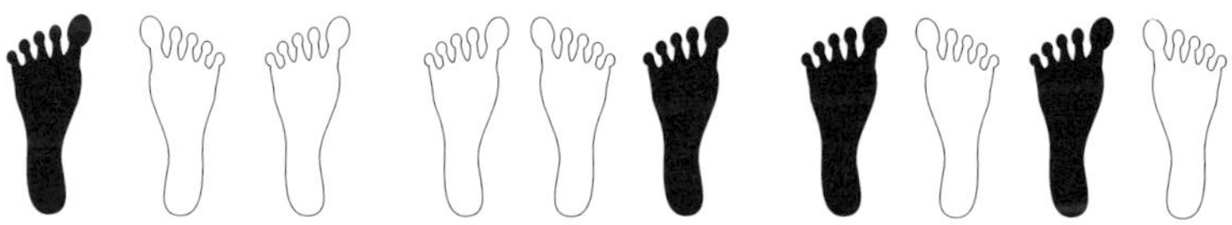

Na? Merkst du, bei welchen Silben du Walzer tanzt?

Silben-Such-Spiele

In diesen Silbenkreiseln stecken Wörter, die ihre zweite Silbe verloren haben.

●● Findest du die Silbe? Schreib sie in die Mitte.

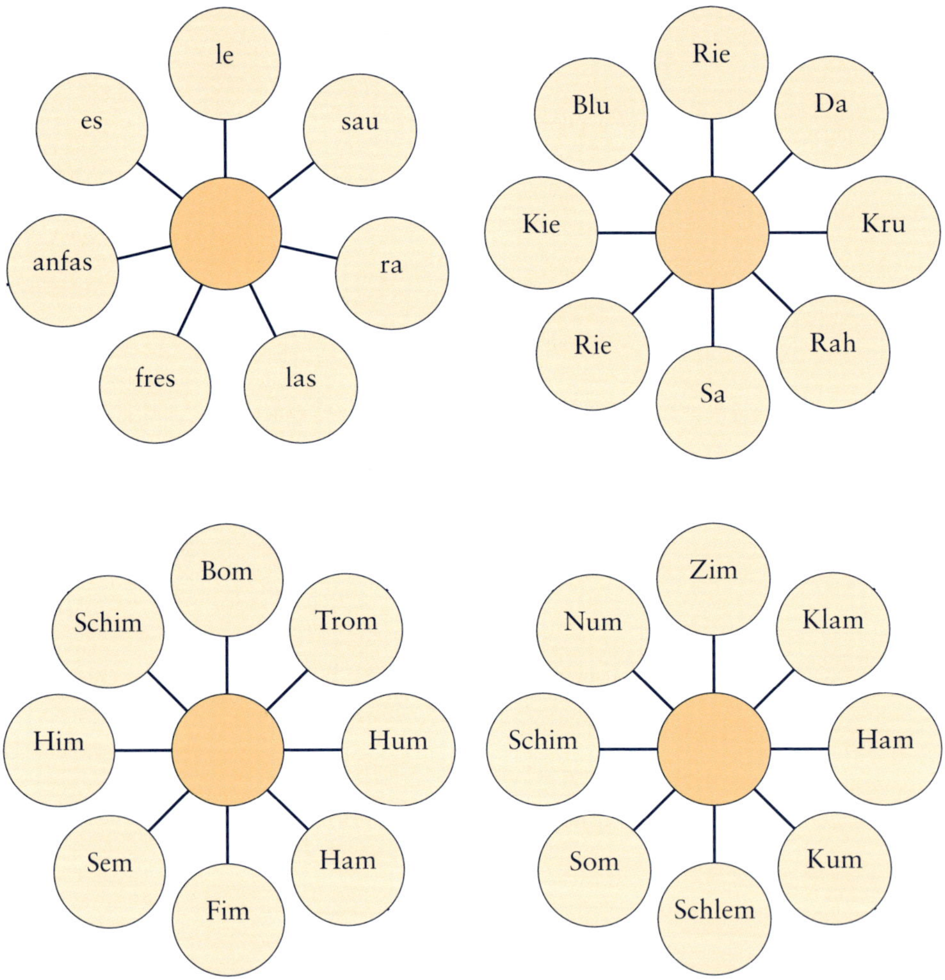

Sprich doch mal wie ein Roboter:
Ich – kom – me – vom – Pla – net – O – ko – pa – nu – schi.

Auch deine Freunde sind jetzt Roboter. Unterhaltet euch, lest euch gegenseitig vor.
Wie klingt euer Sprechen? Könnt ihr alles verstehen?
Die richtige Betonung macht Sprache klangvoll und verständlich.

Sieh noch mal genauer hin!
Ergeben Silben einen Sinn?

Die Fragen kannst du sofort beantworten, wenn du die markierten Buchstaben richtig trennst.

Die Prinzessin fragt: Ob der Prinz mich ERHÖRT?
Die Prinzessin fragt: Ob ERHÖRT?
Wie soll der VERSENDEN?
Kann ich so den Brief VERSENDEN?

Hier bist du wirklich gefordert. Trenne die Buchstaben so, dass sich Silben ergeben. Nimm einen Buntstift.
Kannst du nun einen sinnvollen Satz bilden?

TRIFFTHERRMANNDENKLEINENHERMANNSAGTER
KOMMHERMANN

Und hier schreibst du den Satz auf:

____

____

Die Silben, die Sinn stiften, sind für jedes Wort besonders wichtig. Sie heißen STAMMSILBEN.

Lassen Sie beim Lesen des Gedichtes eine deutliche Pause vor der letzten Silbe. Ihr Kind soll merken, dass sich ohne eine zusätzliche Silbe kein Sinn ergibt. Lassen Sie Ihr Kind beim Mit- und Nachsprechen die Silben finden.

Wie gefällt dir das Ostergedicht der ganz besonderen Art?

Wenn die kleinen .... sen
dort auf grünem .... sen
die Produktion von .... ern,
weil wir Ostern .... ern,
mehr als nur ver .... peln,
sieht man sie ge .... tig
durch die Wiese .... peln,
Eier legen, ...tig
sie in Farbe .... chen,
weil wir gelb und .... te
ja als Frühlings .... te,
aber auch die blauen .... chen.

Nanu, das ist wirklich seltsam. Du verstehst nur Bahnhof? Du verstehst nicht, worum es in diesem Gedicht geht? Trotzdem – es handelt sich nicht um eine neue Geheimsprache von Flinki und Grollo.
Bei diesem Gedicht fehlen nur diese Silben:

hop brau Ei ro kräf Ha fei dop Ra Bo schäf tau

Wenn du richtig zuordnest, ergibt sich der Sinn.

Tipp! Wäre es nicht hübsch, wenn du dieses Gedicht Ostern verschenkst? An die Eltern oder Großeltern? Du lernst es auswendig und sagst es am Ostersonntag auf.

Alle Ballons fliegen in den Himmel – wenn du sie mit einer Silbe zu Wörtern ergänzt.

Lesen Sie Ihrem Kind die Geschichte vor. Helfen Sie ihm, die Silben zu finden.

Die Geschichte vom Mümmelmännchen

»Ich finde keine Rübe mehr«, rief Mümmelmännchen. »Obwohl ich so gründlich gesucht habe.«
»Ich bin auch fürchterlich hungrig«, sagte seine große Schwester Mümmel. Sie legte ihm vertraulich die Pfote auf die Schulter. »Weißt du was? Wir schleichen uns heimlich zum Möhrenbeet.« »Das ist unmöglich«, sagte Mümmelmännchen. Allein bei dem Gedanken klopfte sein Herz ängstlich. »Ist das nicht gefährlich? Das Feld bewacht doch der Riesenhund Bobby. Wenn der sein Maul aufreißt … allein der Gedanke ist grässlich. Ein Happs und weg sind wir.«
»Stimmt, das wäre schrecklich!«, nickte Mümmel. »Lass uns trotzdem hinhoppeln.« Und da Mümmelmännchen wirklich

dollen Hunger hatte, ließ es sich überreden. Auf dem Rübenfeld zog es sofort eine Rübe raus und knabberte los. »Du musst sie erst waschen«, sagte Mümmel, die sehr reinlich war. Oh je, das war Mümmelmännchen peinlich. »Aber sie riechen doch so köstlich«, verteidigte er sich. Doch Mümmel hob nur die Lauscher und sagte: »Jetzt wird es abenteuerlich, da kommt Bobby, der Riesenhund …«

- Hast du alle Ballons gefüllt? Prima.
  Und jetzt überlege, warum diese Wörter nicht in den Korb passen?

  fürchterlich vertraulich unmöglich gefährlich abenteuerlich

  Nimm einem Buntstift und trenne die Silben.
  Bestimmt findest du noch viel mehr Wörter, die auf – lich enden.

  Wie die Geschichte von Mümmel und Mümmelmännchen wohl weitergeht? Du kannst es bestimmt erzählen …

- Groß oder klein?
  CHEN oder LEIN?
  Du kreist mit Buntstift
  die kleinen Tiere ein.

  Nimm drei Farben: braun für große Tiere, rot und blau für die kleinen Tiere.
  Achte auf die unterschiedlichen Silben am Ende.

Hund	Hündchen	Hündlein
Katze	Kätzchen	Kätzlein

Vögelchen	Vöglein	Vogel
Bärchen	Bärlein	Bär
Mäuslein	Maus	Mäuschen
Fischlein	Fisch	Fischchen

Toll, jetzt kennst du zwei Silben, mit denen du als Sprachzauberer aus Riesen Zwerge machen kannst. Fang gleich damit an!

Tipp! Bei manchen Wörtern musst du die Vokale etwas verändern. Oder auch schon mal einen Buchstaben weglassen.

Haus .... Ort .... Baum .... Puppe ....

Messer .... Hose .... Stern .... Lied ....

Rock .... Wagen .... Flasche .... Pferd ....

Sprechen Sie Ihrem Kind vor, machen Sie vor der gesuchten Silbe eine deutliche Pause. Lassen Sie Ihr Kind die richtige Silbe finden.
Weiß Ihr Kind bei allen Wörtern, was gemeint ist? Helfen Sie!

●●● Sei doch gescheit –
heit oder keit?

Du setzt einfach die richtige Silbe ein. Unterstreiche *heit* und *keit* mit unterschiedlichen Farben.

Eitel …………
Schüchtern …………
Klug …………
Fröhlich …………
Traurig …………
Frei …………
Kühn …………
Müdig …………

Süßig …………
Heimlich …………
Faul …………
Winzig …………
Falsch …………
Einsam …………
Dunkel …………
Heiter …………

Mit der Silbenaxt zu Wortspaltereien

Einmal vorne, einmal hinten –
weiter geht's mit diesen Finten.

Kennst du den Unterschied zwischen

einem Rosenstock und einer Stockrose?
einem Blumentopf und einer Topfblume?
einem Hundezwinger und einem Zwingerhund?
einer Bommelmütze und einem Mützenbommel?

Gut, du hast es erfasst.
Je nachdem, ob die Silbe vorn oder hinten steht, ergibt sich ein anderer Sinn.
Spaß muss sein!

Kennst du auch den Unterschied zwischen
einem Katzenklo und einer Klokatze?
einer Waldkatze und einem Katzenwald?

Bitte, male mir einen Katzenwald.

Lassen Sie Ihr Kind wie Zwerg Flinki sprechen. Flinki betont besonders die dick gedruckten Laute.

Lies das folgende Gedicht mehrfach laut.
Warum sind manche Laute dick gedruckt?

Mit **B**im**b**am und **T**am**t**am
mit **S**ing**s**ang und **Kl**ing**kl**ang
mit **Kl**ick**kl**ack im **Z**ick**z**ack
geht's die Straße entlang.

Durch gleiche Laute kannst du Silben binden.

Fangen Silben mit demselben Laut an, ergibt sich ein hübscher Klang. Lies die Wörter laut und kreise die Anfangsbuchstaben der Silben farbig ein.

gras – grün Bob – by tipp – topp piff – paff rost – rot
Kin – kerlitzchen Hasen – herz Kummer – kasten
affen – artig

Zwischen Bibberbohnen
können Minzemonster wohnen.

Nanu?
In Flinkis Garten stehen seltsame Pflanzen gegen schlechte Laune.

●●● Du findest heraus, welche.

GRAS ZEDER SCHELLE WEIZEN
BROMBEEREN MOOS KNOLLE MÖHRE

MECKER	GRUMMEL ....
BRUMM	KNURR ....
MOSER	ZITTER ....
SCHIMPF	WUT ....

Auch mit Silben kannst du lachen,
mit den Silben Unsinn machen:

Im Schwimmbad am Nordpark hängt für euch diese Nachricht:

BABADUDADIDELDUMFINBABADUDADIDELDUMDETBA
BADUDADIDELDUMNEBABADUDADIDELDUMMO

● Was will der Bademeister? Was sollt ihr tun?

Da steht: ....

●● Wer oder was ging denn hier verloren?
Jemand namens Helene, das ist ein Tipp.
Sieh dir den Text genau an. Du bekommst es ganz leicht heraus, wenn du die Silben findest, die zur Verschlüsselung benutzt wurden.

kikakumeinkikaku kikakuschweinkikaku
kikakuhekikakulekikakunekikaku
kikakuverkikakuschwandkikaku kikakugekikakusternkikaku.
kikakuhastkikaku kikakudukikaku kikakumeinkikaku
kikakuschweinkikaku kikakugekikakusekikakuhenkikaku?
kikakubitkikakutekikaku kikakurufkikaku kikakuankikaku:
496635.

Uuh! Du fürchtest dich doch hoffentlich nicht?

Das ist der Bruder vom Nachtgespenst.
Auch er schickt eine Botschaft. An wen?

Kannst du sie entziffern?

AN MAEM UND TONAN
STENNÄCH TAGSONN TEMÖCH ICH TENWET,
SELRAS ICH MIT NENMEI TENKET,
KESPU TOLL DURCH REEU TENBET.
NICHTS, REIN GAR NICHTS WIRD EUCH TENRET.
DER PIRVAM

Du musst die Gespenster-Nachricht unbedingt laut lesen. Fällt es dir schwer, die ungewohnten Laute auszusprechen?
Kannst du dich so mit deinen Freunden unterhalten?

Leo findet ein Mädchen in seiner Klasse sehr sehr nett. Er würde es ihr gerne sagen, traut sich aber nicht. Hast du eine Idee?
Hier ist ein toller Tipp für Leo:
Schick dem Mädchen einen verschlüsselten Brief. Vielleicht mit dieser besonders lustigen Art für streng geheime Botschaften?

Liebeda Hannahda,
duda bistda dasda nettesteda Mädchenda inda derda Klasseda. Ichda möchteda gernda deinda Freundda seinda. Wieda findestda duda dasda?
Vieleda Grüßeda
Leoda

Findest du heraus, welchen Trick Leo anwendet?
Stimmt, er hat einfach eine sinnlose Silbe an jedes Wort angehängt.

Hannah findet Leo auch sehr sehr nett. Auch sie will ihm einen Brief schreiben. Aber sie hat eine andere Idee, wie sie ihre Botschaft verschlüsseln kann.

Tibidulieber Tibiduleo,
tibidudu tibidubist tibiduder tibidunetteste Tibidujunge tibiduin tibiduder Tibiduklasse. Tibiduich tibidulade tibidudich tibiduins Tibidukino tibiduein. Tibiduwir tibidusehen tibiduuns >Tibidu findet Tibidunemo< an. Tibidueinverstanden?
Tibiduviele Tibidugrüße
Tibiduhannah

Und jetzt schreib du deiner Freundin oder deinem Freund einen Brief. Kannst du ihre Antwort entschlüsseln?

Lesen Sie Ihrem Kind Hugo Balls Gedicht vor.
Finden Sie mit ihm eine Betonung, die das Bild einer vorbeiziehenden Karawane hervorrufen kann.

Karawane
jolifanto bambla ô falli bambla
großgiga m'pfa habla horem
égiga goramen
higo bloiko russula huju
hollaka hollala
anlogo bung
blago bung
blago bung
bosso fataka
ü üü ü
schampa wulla wussa ólobo
hej tatta gôrem
eschige zunbada
wulubu ssubudu uluwu ssubudu
tumba ba – umf
kusa gauma
ba – umf

Na, was sagst du nun?
Lies das Gedicht von Hugo Ball laut.

Wie klingt das in deinen Ohren?
Der Dichter Hugo Ball hatte wie Ernst Jandl viel Spaß an sprachlichen Spielereien. Und damit ist er berühmt geworden.
Hugo Ball hat das Gedicht »Karawane« genannt.
Mache die Augen zu und lasse dir das Gedicht vorlesen.
Siehst du die Karawane ziehen?

Jetzt stelle dir vor, du stehst sonntags auf einer Autobahnbrücke. Du erfindest Silben und erzählst uns, was du siehst und hörst und riechst.

Du kannst natürlich auch ganz andere Dinge auf diese Weise beschreiben.
Wie wäre es mit einem Fußballspiel, Formel-1-Rennen, Springturnier, Besuch im Schwimmbad?

Auf geht's!

Plische plaschsch
pschta pschta

Über Wortsalat, Wurstwörter und Wortschätze

Jetzt baust du mit Wörtern, lernst sie kennen,
kannst die Dinge beim Namen nennen.
Baust Worttürme, fügst Wörter zu Sätzen.
Füllst die Wortschatztruhe mit Wortschätzen.
Ja, du kannst reimen,
spielst mit Wörtern Verstecken
und von Wurstwörtern,
die Annasusanna heißen,
lässt du dich necken.

Jonglieren mit Wörtern

Früher, als die Menschen die Buchstaben noch nicht erfunden hatten, halfen sie sich mit Bilderschrift.

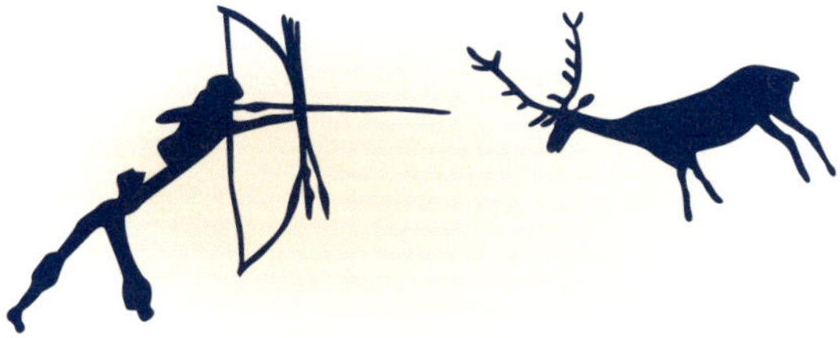

Kannst du diese Bilderschrift lesen?

Du weißt, was gemeint ist, wenn du das Bild siehst und kannst das entsprechende Wort nennen und aufschreiben.

Der Sprachbaumeister kann die tollsten Dinge machen: aus zwei Wörtern eines zusammenbauen.

Jedes Bild ist auch ein Wort. Schreibe es unter das Bild. Füge dann die Wörter zusammen und schreibe sie daneben.

 +  = ...

.... + ... = ...

 +  = ...

.... + ... = ...

 +  = ...

.... + ... = ...

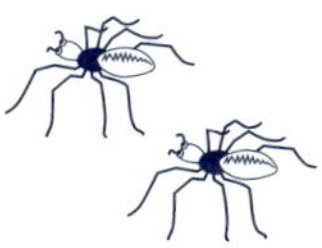 + 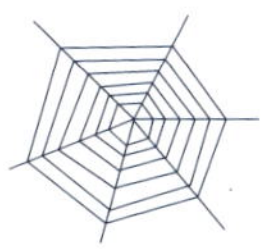 = ...

.... + ... = ...

 + 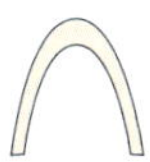 +  = ...

.... + ... = ...

Kannst du jetzt auch eine Nachricht in Bilderschrift aufschreiben? Versuche es.

Du merkst, mit Wörtern kannst du viel mehr und das auch noch genauer ausdrücken.
Wenn du das Bild eines Käfigs siehst, weißt du nicht, um was für einen Käfig es sich handelt. Mit Wörtern kannst du das aber ganz genau sagen:

Du schreibst auf, in welchen Käfig jedes Tier gehört:

Der Löwe gehört in den ....

Der Vogel gehört in den ....

Der Affe gehört in den ....

Die Hühner gehören in den ....

Du bist wieder Baumeister. Mit Bauklötzen zu spielen, macht Spaß. Du kannst ein Hexenhaus oder ein Schloss bauen, eine Garage für deine Autos oder einen hohen Turm. Hier spielst du mit Buchstaben-Steinen.

● Du baust mit Buchstabensteinen.

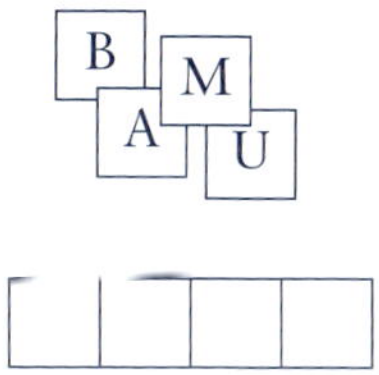

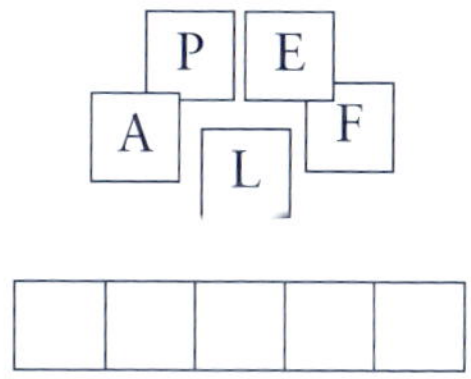

●● Jetzt wird es für dich ein bisschen schwieriger, weil du mehr Buchstabensteine hast.

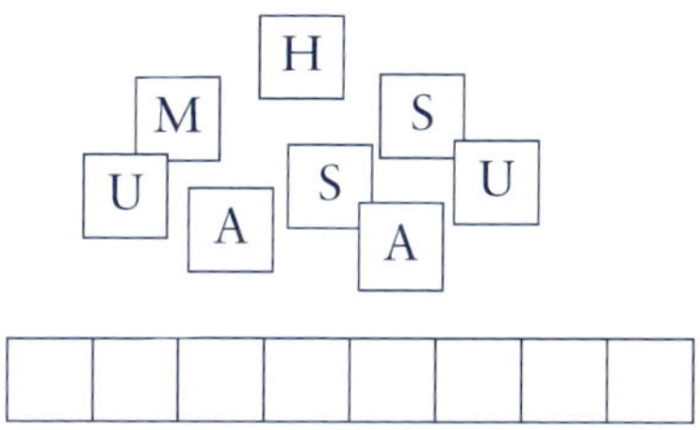

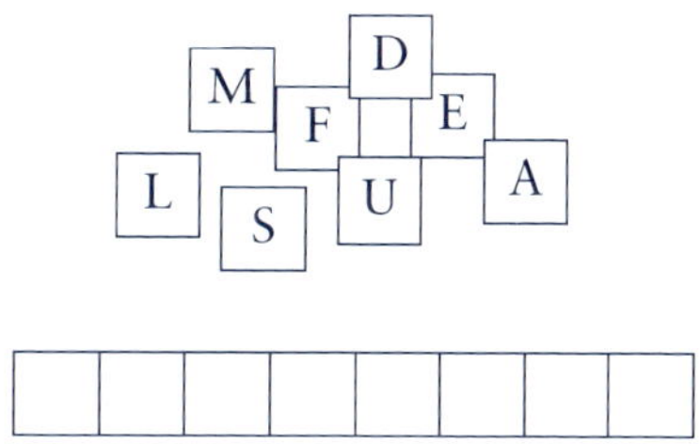

●● Schau dir das Bild genau an. Hier hat ein gewitzter Baumeister gebaut.

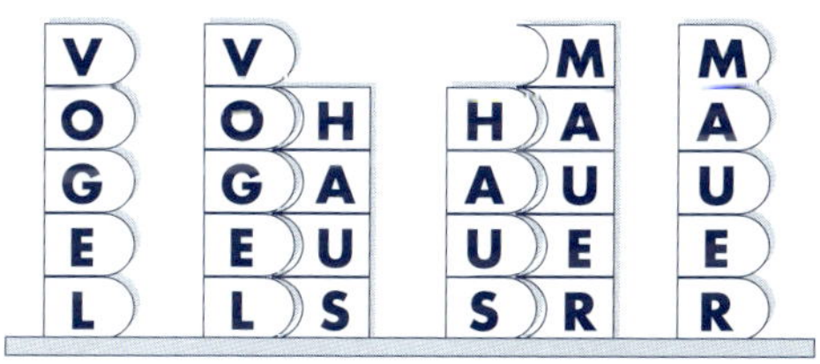

Er hat die Buchstabensteine zu Türmen gefügt. Dann hat er zwei Türme aneinander gebaut, sodass sich ein langes Wort ergibt:

____

●●● Hier sind ganz viele Wörter für solche Worttürme. Kannst du die Reihe weiterführen?
Lies aufmerksam, denn es ist ein besonderer Trick dabei.

HAUSTIER TIERFUTTER FUTTERNAPF NAPFKUCHEN KUCHENBLECH BLECHDOSE DOSENPFAND PFANDFLASCHE FLASCHENPOST

Daraus kannst du ein unterhaltsames Spiel für dich und deine Freunde machen. Wer anfängt, gibt das erste Wort vor, zum Beispiel Vogelhaus, und schreibt es auf ein Blatt. Der zweite muss das nächste Wort finden. Es muss mit der zweiten Worthälfte beginnen. Ziel des Spiels ist es, möglichst viele zusammengesetzte Wörter zu finden. Und wer als letzter Spieler kein Wort mehr weiß, hat verloren.

Schau jetzt mal genauer hin:
Wörter machen Sinn.

Du gehst in den Zoo. Da sagt deine Freundin: »Das ist aber eine lange Schlange.«
Ihr fahrt im Auto auf der der Autobahn, da sagt die Mutter: »Das ist aber eine lange Schlange.«
Du willst dir ein Eis kaufen, du musst anstehen und warten: »Da war eine lange Schlange.«

Als der Vater spät nach Hause kommt, sagt er: »In der Kantine habe ich lange in der Schlange stehen müssen.«

Wörter machen Sinn – aber was passiert, wenn Wörter mehrere Bedeutungen haben?
Ganz einfach, dann kann man mit ihnen Rätsel oder Spiele machen.

Auf mich, da legst du deine Hand
und sitzt vor dem PC.
Doch sehr schnell bin ich weggerannt,
wenn ich die Katze seh! ____________________

Ich liege auf der Straße,
bin sehr hart und sowie
du auf mich fällst, blutet dein Knie.
Dann nicht zum Spaße
nein, zum Heilen – hihi –
kriegst du mich auf die Wunde.
Rat, wer ich bin, in einer Sekunde! ______________ ___

Was du suchst, bin ich.
Kleine Tiere nennt man wie mich.
Ich bin auch das, was Vögel tun.
Also, wer bin? Rätst du es nun? ____________________

Das alte *Teekesselchen-Spiel* bezieht seinen Reiz aus dieser Mehrdeutigkeit von Wörtern. So spielst du es mit Freunden: Der Abzählreim bestimmt, wer anfängt.
Wer beginnt, sucht ein Wort, das zwei Bedeutungen hat – *das Teekesselchen*, z. B. Bank, auf der man sitzt, und die Bank, auf die man sein Geld bringt. Nun beschreibst du das Wort in seinen zwei Bedeutungen, ohne es zu nennen. Also:
Mein Teekesselchen ist aus Holz, mein Teekesselchen ist ein Gebäude, auf meinem Teekesselchen kann man sitzen, usw.

Und hier noch einige Teekesselchen-Wörter:

Brille	– Lesebrille	+ Klobrille
Löffel	– Hasenohren	+ Essbesteck
Rasen	– Wiese	+ schnell fahren
Schimmel	– Pferd	+ weißgraugrüner Pilz
Blatt	– vom Baum	+ Papier

Wortbegleiter

Wir zaubern fröhlich weiter:
Wörter bekommen Begleiter.

Lesen Sie Ihrem Kind das Rätsel vor und betonen Sie den Artikel »das«.
Lassen Sie Ihr Kind raten.

Ich begleite das Haus,
aber nicht die Maus,
dafür aber das Vergissmeinnicht
und wenn's dir aufgeht, auch das Licht. ____________

- Das Rätsel gibt dir die Lösung. Das gesuchte Wort ist der Begleiter. Kreise ihn mit einem roten Buntstift ein.

das Wort, **ein** Buch, **toller** Witz, **weiße** Weihnacht, **schnell** laufen, **richtig** antworten, flink **wie ein Wiesel,** behutsam **wie ein Mäuschen** ...

Du siehst, es gibt sehr unterschiedliche Wortbegleiter.
Manche Begleiter musst du nehmen, wie sie sind. Sie sind durch die Grammatik vorgegeben und gehören zum Wort dazu.
Andere Begleiter kannst du auswählen.

Der, die, das? Ein, eine ein?
Begleiter müssen sein.
Du setzt sie einfach ein.

.... Mond	.... Mond
.... Katze	.... Katze
.... Dach	.... Dach

- - Das Märchen *Rotkäppchen* kennst du. Bevor du es deiner kleinen Schwester oder deinem Cousin erzählen kannst, musst du die richtigen Begleiter finden.

dem eines dem die ein der dem ein den den der dem

Es war einmal .... kleines Mädchen. Es trug tagaus tagein .... rotes Käppchen. .... Tages sagte .... Mutter zu .... kleinen Mädchen: »Du musst hinaus in .... Wald zu .... Großmutter gehen. Aber .... Wald ist gefährlich. Du musst immer hübsch auf .... Weg bleiben. Und geh .... Wolf aus .... Weg. Er lauert immer hinter .... Bäumen«.

Gut gemacht!

Und das weißt du nun: Die Wortbegleiter ändern sich, je nachdem, welche Aufgabe das Wort im Satz hat.

! Diese festen Begleiter des Nomens sind ARTIKEL; wir unterscheiden bestimmte und unbestimmte Artikel.

Kannst du die bestimmten Artikel aufschreiben?

____

Und wie sieht es mit den unbestimmten Artikeln aus?

____

Du siehst eine Rose oder den Tiger. Aber wie sehen sie aus? Welches Temperament haben sie? Wie wirken sie auf dich? Du stellst ihnen den passenden Begleiter zur Seite. Kurz, du entscheidest über ihre Eigenschaften.

- Du bestimmst die Eigenschaften. Suche aus, was dir gefällt:

rote oder gelbe

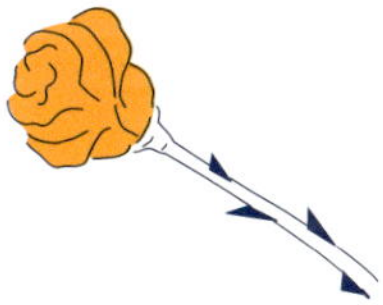

die .... Rose

schwarze oder weiße

das .... Schaf

liebe oder böse

der .... Hund

sanfter oder wilder

ein .... Tiger

einfarbige oder gefleckte

eine .... Giraffe

schreckliches oder komisches

ein .... Gespenst

! Diese Begleiter beschreiben Eigenschaften eines Nomens.
Es sind ADJEKTIVE.

Lesen Sie Ihrem Kind *Riesen-Sommertag* zunächst ohne Begleiter vor. Helfen Sie ihm behutsam, die Wörter zu finden, die den Text sinnvoll, anschaulicher und lebendiger machen. Lesen Sie den Text mit Wortbegleitern erneut vor.

Lies den Text.

● ***Riesen-Sommertag***

Die Sonne steht am Himmel. Grollo legt sich ins Gras und breitet seine Arme aus. Er gähnt. Dann lauscht er. Die Bienen summen. Die Zikaden zirpen. Grollo schnuppert an einer Wiesenblume. Sie riecht. Grollo schließt seine Augen und schläft ein.

Kannst du dir Grollos Riesen-Sommertag gut vorstellen?

●● Jetzt wählst du aus und veränderst den Text mit diesen Wortbegleitern:
faul – laut – schnell – vorsichtig – leise – weit – aufmerksam – schrill – süßlich – hoch – ebenso schnell

Riesen-Sommertag

Die Sonne steht .... am Himmel. Grollo legt sich

.... ins Gras und breitet seine Arme ....

aus. Er gähnt .... Dann lauscht er ....

Die Bienen summen .... Die Zikaden zirpen

.... Grollo schnuppert .... an einer

Wiesenblume. Sie riecht .... Grollo schließt

.... seine Augen und schläft .... ein.

Nun lies den Text wieder und am besten laut. Vergleiche mit dem ersten Text.
Wen begleiten denn hier die Begleiter? Richtig, die Verben.
Du unterstreichst sie mit einem Buntstift.

Lesen Sie die Verse vor. Machen Sie vor dem gesuchten Wort eine Pause und lassen Sie Ihr Kind den Reim selbst finden.

- Einfach tierisch. Auch hier findest du die richtigen Wortbegleiter.

gut rasch blöde schnell flink

Der Jäger sagt zum Hunde: Hasch.
Da fängt der Hund den Hasen ....
Ist es zu flink und läuft sehr ....,
ist Häschens Chance ganz reell.
Es trägt der Dompfaff gerne Pink
und er ruft sein Weibchen ....
Es hat der Adler großen Mut
und sieht aus jeder Höhe ....
Ist es im Wasser ihm zu öde,
guckt der Fisch oft ziemlich ....

! Der Begleiter, der das Verb genauer beschreibt, ist ein ADVERB.

Von Wortschätzen und Wortverstecken

Im Märchen besitzen Zwerge Edelsteine und hüten ihre Schätze. Die Germanen im Mittelalter versenkten einen Goldschatz im Rhein. Viele Menschen suchten in Amerika Gold oder in Südafrika Diamanten. Bankräuber verstecken ihre Geldbeute. In Märchen und Sagen, in Abenteuergeschichten und Krimis geht es darum, diese Schätze an sich zu bringen oder es begeben sich Menschen auf Schatzsuche.

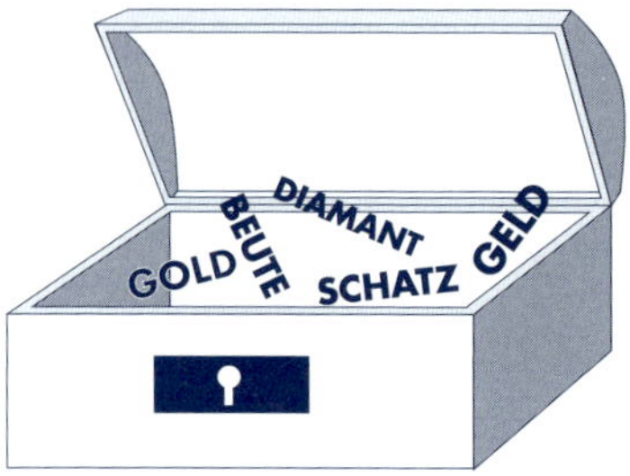

Je mehr Wörter du besitzt und benutzen kannst, desto größer ist dein Wortschatz.

Helfen Sie bei der Wortschatzsuche. Das geht wunderbar nebenbei, während Sie Hausarbeit machen. Regen Sie Ihr Kind an, im Wörterbuch oder im Duden nachzuschlagen.

- Deine Schatzsuche beginnt so. Du bildest zehn Wörter, fünf hören mit Glas auf, fünf fangen mit Glas an. Verbinde sie durch Pfeile. Nimm für links und rechts verschieden farbige Buntstifte.

MILCH		HAUS
FENSTER	↘	PERLEN
BRILLEN	GLAS ↗	SCHEIBE
FERN		BLÄSER
BIER		FENSTER

Hier musst du schon selbst auf Schatzsuche gehen.
Suche Wörter, die du davor und dahinter setzen kannst.
Nicht bei allen wirst du gleich viele finden. Probiere aus.

TISCH GARTEN SONNE ZAUN BUCH SONNE

●● Ist doch klar, du füllst deine Wortschatztruhe mit dem Wortkreisel.

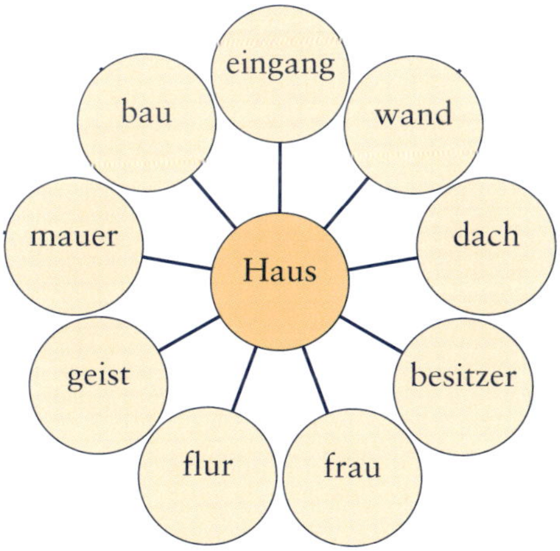

Haus ....
Haus ....
Haus ....
Haus ....
Haus ....
Haus ....
Haus ....
Haus ....
Haus ....

●●● Hast du eine Lieblingsfarbe? Bestimmt.
Suche doch mal Wörter, die deine Lieblingsfarbe genauer beschreiben.

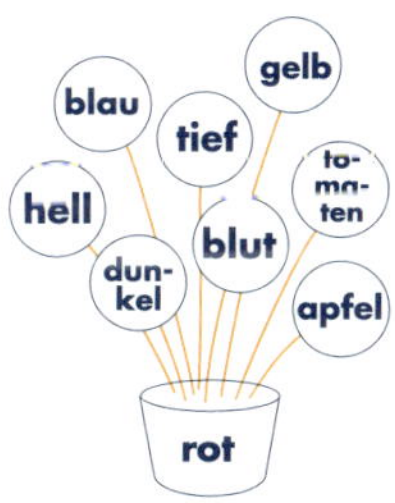

blut rot
dunkel

....
....
....
....

Wenn der Spatz pfeift vom Dach
und die Sonne früh um vier
uns schon kitzelt langsam wach,
ja, dann wissen wir:
Es ist Sommer, endlich Sommer.

Frühling, Sommer, Herbst und Winter – es gibt Wörter, mit denen wir – beinahe automatisch – bestimmte Vorstellungen verknüpfen.

Ordne die Wörter den Jahreszeiten zu.

●● Zugvögel, Blütenduft, laue Winde, Osterhase, Schwimmbad, Eis, Hitze, kalt, Knospen, Sonne, frieren, Tulpen, Sturm, Kirschblüte, warm, grünen, schwitzen, bunte Blätter, sprießen, Heuschnupfen, rodeln

Frühling: ______________________________

Sommer: ______________________________

Herbst: ______________________________

Winter: ______________________________

Bestimmt findest du noch viel mehr Wörter zu allen Jahreszeiten.

Schreibe den Wortschatz deiner Lieblingsjahreszeit ganz groß auf ein Blatt.

Wenns fröstelt mich,
der Wind bläst laut,
brr, krieg ich eine Gänsehaut
wie 'ne echte Gänsebraut.

●● Du glaubst gar nicht, wie schnell dir warm wird, wenn du Kaminwörter suchst.

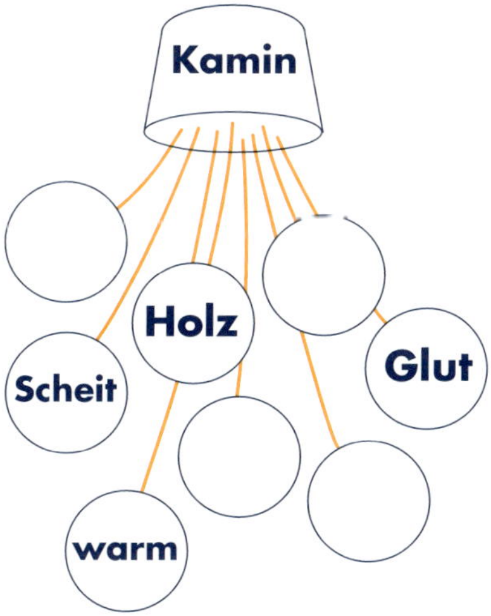

Bist du gern im Schwimmbad? Dann suchst du Wasserwörter.

Je reichhaltiger dein Wortschatz ist, desto leichter kannst du erzählen, Dinge benennen, beschreiben, desto leichter kannst du sagen, was du fühlst, empfindest, was du denkst oder welche Gedanken dir kommen.

● – ●●● Was kannst du sonst noch für deinen Wortschatz tun?

- Du liest und zwar alles, was Spaß macht, ob Abenteuer- oder Pferdebücher, Fußballgeschichten oder Sachbücher.
- Du schlägst unbekannte Wörter im Wörterbuch nach.
- Du rätst Kreuzwort- und Bilderrätsel.
- Du schaust dir Bücher mit vielen lustigen Sprachspielen an, zum Beispiel:
  Es fragt die bunte Kuh: Wer bist denn …?

● Das Kreuzworträtsel rätst du schnell.
Achtung: In die Kästchen mit den geraden Zahlen – 2, 4, 6, 8, 10 – kommen die letzten Buchstaben des zu ratenden Wortes.
Waagerecht ergibt sich in den nummerierten Kästchen das Lösungswort.
Ein kleiner Tipp! Du errätst ein erstaunliches Tier!

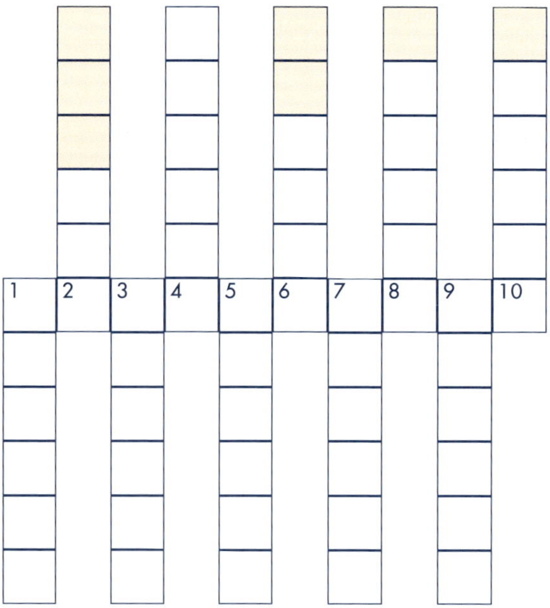

1 schöne Jahreszeit
2 Musik als Sprechgesang
3 verfressene Nagetiere
4 Kontinent südlich von Europa
5 da wird oft in der Schule experimentiert
6 gehört auf jedes Haus
7 Jahreszeit, in der es kalt wird
8 wöchentliches Gewinnspiel
9 jemanden mehr als gern haben
10 Körper ohne Kopf, Arme und Beine

●●● Das Bilderrätsel ist ein Kreuzworträtsel und schon ganz schön schwer. Doch du schaffst es.
Du weißt: Jedes Bild ist auch ein Wort. Du schreibst also die Buchstaben des Wortes senkrecht untereinander in die Kästchen.

Senkrecht von links nach rechts in dieser Reihenfolge:

L	F	G	J	L	K	A	A	F	S	Ü	Z	T	R	R	E
G	A	K	R	U	S	Ö	S	D	E	E	A	L	K	A	A
A	L	Ü	F	G	J	L	Ö	A	A	R	U	S	Ö	T	D
B	A	L	K	D	A	L	K		L	F	G	J	L	K	A
F	T	Ü				R	Z		A	K	K		T	S	Ü
Q	F	L				L			T	G			A	U	S
R	Z	J								Ü				L	K
T	☆	**B**	**I**	**L**	**D**	**E**	**R**	**R**	**Ä**	**T**	**S**	**E**	**L**	☆	U
U	A				D			E						S	D
W	T				A		T	Ü			T	R		Ö	A
X	F				Ü	L	L	A	R		K	A		K	H
Y	Z				S	Ü	S	S	H		W	D		S	L
K	R			G	A	K	J	T	D	E	E	A	H	Ö	H
Z	G	N		R	U	S	L	K	A	E	W	Ü	P	S	Ü
L	K	A		L	Z	Ö	T	D	E	A	F	S	Ü	K	F
Z	G	N	T	R	U	S	G	A	K	E	W	M	P	A	Ü

Dies ist eine lange
Regenbogenschlange.

●●● Kannst du die Farben der Regenbogenschlange so aufschreiben, wie du sie beim Regenbogen siehst?

________________ ________________

________________ ________________

________________ ________________

Manche Wörter wollen dich necken.
Darum spielen sie Verstecken.

Lesen Sie Ihrem Kind die Wörter vor, lassen Sie es die versteckten Wörter finden.

● Jedes Bild ist ein Wort und auch ein Rätselbild, weil sich ein anderes Wort darin versteckt. Kannst du es finden?

In H**aus** versteckt sich **aus**

Hund

…………………

Herz

…………………

Giraffe

…………………

Schnecke

…………………

Klang

…………………

Wörter spielen Verstecken nach anderen Regeln. Nomen verstecken sich in Verben oder in Begleitern und umgekehrt. Trotzdem ist es nicht schwer, sie zu finden.

Lies die Wörter laut.

●● Jetzt bist du schon gewitzt. Die hier versteckten Wörter hast du schnell gefunden.

In KNACKEN versteckt sich ....

In SCHMECKEN versteckt sich ....

In GEWIMMER versteckt sich ....

In SCHWOFEN versteckt sich ....

In RUFER versteckt sich ....

In SAMEN versteckt sich ....

In REITER versteckt sich .... und so WEITER ....

Papadu, dem knurrt der Magen
und schon fängt er an zu klagen:
Er ist hungrig, er will essen.
Er sucht Essen immerzu
und das lässt ihm keine Ruh.

Bevor Papadu verhungert, hilfst du ihm. Du kreist mit einem Buntstift ein, wo sich ESSEN überall versteckt.

Die Hessen essen, die ganz besonders kessen Hessen halten Delikatessen für angemessen. Die Tscherkessen stattdessen vergessen manchmal das Essen. Ihre Hunde indessen sind fürchterlich verfressen und pflichtvergessen.

Lies den Text laut und achte auf den Klang. Ist das nicht ein toller Zungenbrecher? Versuche ihn so schnell wie möglich aufzusagen.

Ja, aber sind das nicht Reime?
Stimmt, von den versteckten Wörtern zu Reimen ist es nicht weit.

Lesen Sie die Verse vor, machen Sie vor dem gesuchten Wort eine Pause und lassen Sie Ihr Kind das Reimwort finden.

- Lies das kleine Schlummerlied. Ergänze das Reimwort. Unterstreiche die Reimwörter mit Buntstift.

aufgewacht   Traum   Bäumen   Schafen

Müde Kinder schlafen.
Draußen bei den...............
wartet unterm Schlummerbaum
schon für dich ein schöner ....

Brave Kinder träumen.
Draußen unter ....
wiegt der Sandmann sie ganz sacht,
bis sie wieder ....

Lies das Gedicht laut. Versuche es zu singen, dir fällt bestimmt eine Melodie dazu ein.

● Ordne die Reimwörter in dem Fingerspiel richtig zu. Dann lies laut und bestimme, welcher Finger welches Tier sein soll.

Papagei sein Känguru Gnu

Alle meine Finger klein
sollen jetzt mal Tiere ....:
Elefant und Kakadu,
Eisbär, Affe und ein ....
Zebra und ein großer Hai,
Tiger und ein ....
Und der kleine, was glaubst du?
Ist ein dickes ....

●● Viele Redensarten reimen sich.
Du kannst sie richtig ergänzen.

Der Hund folgt mir auf Schritt und ....

Knall auf ....hatte ich schlechte Laune.

Es herrschte in den Straßen Jubel und ....

Schließlich geriet alles außer Rand und ....

Die Leute zogen ab mit Sack und ....

Wir räumten mehr schlecht als .... auf.

Ich stand meiner Freundin mit Rat und .... zur Seite.

Im Urlaub lebten wir in .... und Braus.

Wurstwörter und Annasusanna

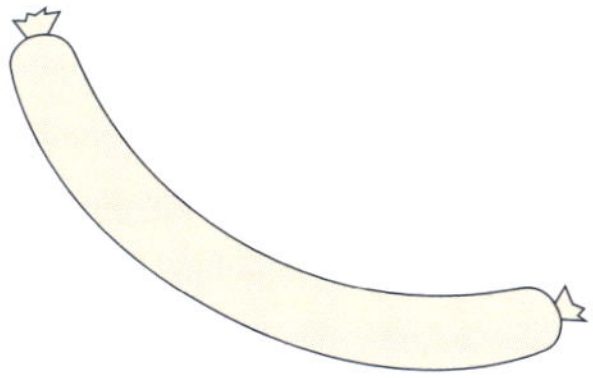

Weil die schlauen Wurstemacher
hier und da zusammenbinden,
ist das Ende von der Wurst
furchtbar schwer zu finden.

Es gibt nicht nur Würste, es gibt auch Wurstwörter. Eins kennst du schon. Du hast doch das Rätsel auf Seite 17 geraten. Wie heißt das Lösungswort?

....

Was ist das Besondere an dem Lösungswort?
Super! Das ist richtig. REITTIER ist ein Wurstwort. Du kannst es von vorn und von hinten lesen.

●● In dem Gedicht sind viele Wurstwörter versteckt. Kreise sie mit einem Buntstift ein.

Ich bin ein **Bub** von vorn und hinten.
Und so ein Bub ist wirklich **rar**
Mein Freund heißt **Otto**,
mein Schatz **Hannah**,
die Jungen dort sind meine **Neffen**.
Bist du bereit zu großer **Tat**?
Es gibt für dich jetzt viel zu tun.
Dreh uns nur um – was sagst du **nun**?

! Wörter, die von vorn und hinten gelesen gleich lauten, nennt man Palindrome.

Dieses Tier ist viel hübscher als jede Wurst. Ich habe es Annasusanna getauft. Warum wohl?

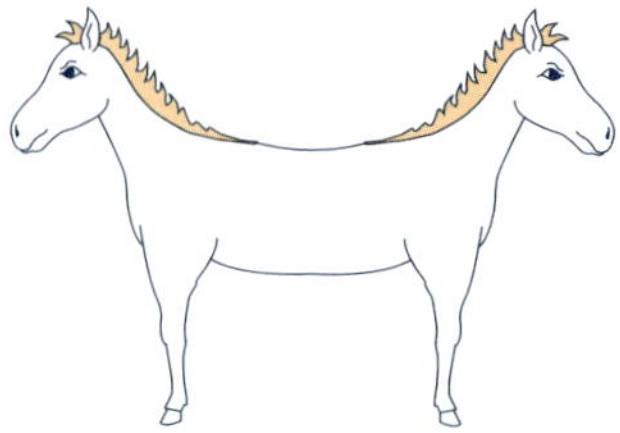

Wenn du Annasusanna wieder begegnest, weißt du sofort, worum es geht: Um Wörter, die von vorn und von hinten gelesen einen Sinn ergeben.

Und nun bist du dran. Welches sind Annasusanna-Wörter?

●●● Du suchst sie und kreist sie mit einem Buntstift ein.

Ebbe Ekel Tat Uhu Tag Renner Ellen Gag gut tut

nennen kennen stets Elle gern Neffen Retter Gans Egge

aha SOS oha oho aua neben haha nennen SMS

Super! Jetzt bist du reif für dieses Rätsel!

Wenn's neblig ist, wirst du nicht schlauer.
Du siehst verschwommen, nichts genauer.
Du tappst im Nebel eben rum,
drehst du auch **Nebel eben** um. ....

Für Satzhasen und Satzfischer

Der Satzbaumeister ist nicht dumm.
Er fragt: Wieso? Weshalb? Warum?
Als Detektiv geht er ans Werk,
macht kurze Sätze, wo's heißt: merk!
Baut Sätze sehr hübsch ausgeschmückt,
auch die Geheimbotschaft ihm glückt,
freut sich an Sätzen, die sind listig
und lernt die Kniffe längerfristig.

Vom Ein-Wort-Satz zum Bandwurmsatz

● Du bist der Satzfischer und fischst aus dem Suppentopf.

Hast du einen Satz gefischt?

Bilder erzählen Geschichten. Aus Wörtern werden Sätze. Und das ist ganz leicht.

Lassen Sie Ihr Kind erzählen, was auf den Bildern zu sehen ist. Helfen Sie mit Fragen.

●● Bilder kann man mit Wörtern beschreiben. Was siehst du auf den Bildern?
Schreibe es in einem Satz auf.

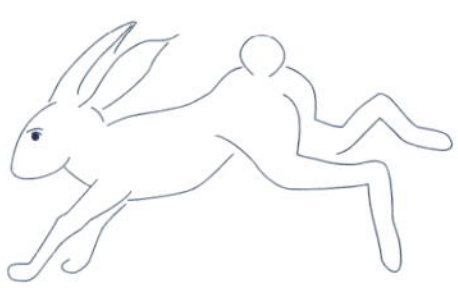

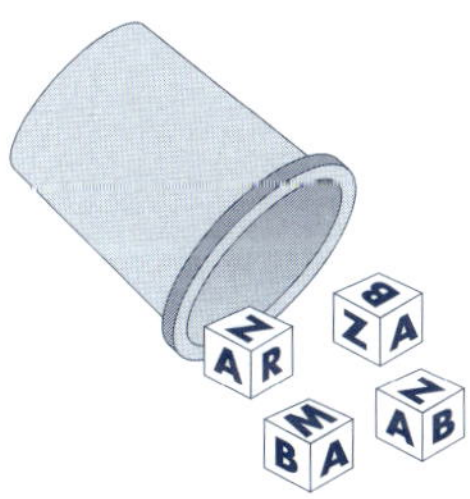

● Vier kleine Wortmonster laufen die Straße entlang, sie wären gern ein Satz. Kannst du ihnen helfen? Du musst sie in die richtige Reihenfolge bringen.

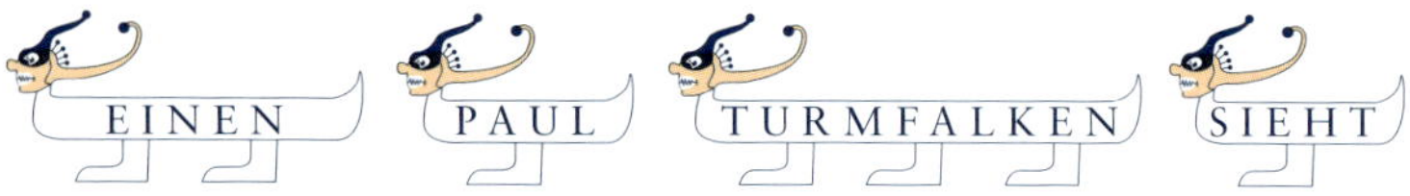

●●● Kannst du alles, was auf dem Bild zu sehen ist, in einen Satz bringen?

Tipp! Mit dem Wörtchen »und« kannst du dir helfen.

Du bist schon ein ganz gewiefter Baumeister. Du hast mit Buchstaben, mit Silben und mit Wörtern gebaut. Jetzt baust du Sätze.

Von leicht bis schwer
kommen Sätze daher.

- Füge die Bausteine zu Sätzen.

Drei Bausteine haben eine besondere Farbe. Damit die Sätze einen Sinn bekommen, muss einer dieser Bausteine in jedem Satz vorkommen.

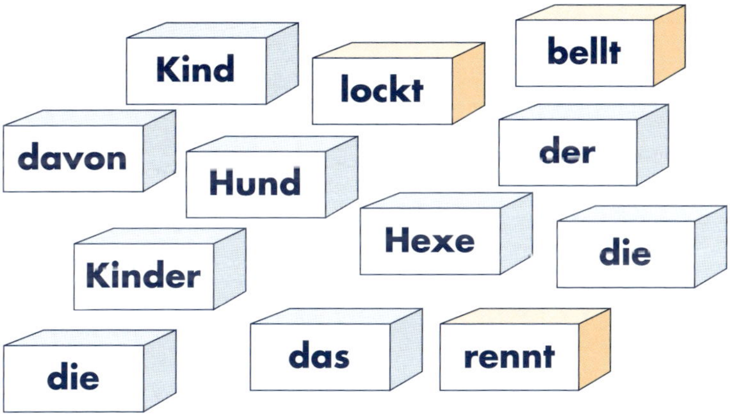

- - Jetzt werden es mehr Bausteine und es wird komplizierter. Aber du schaffst es, die Wörter zu Sätzen zusammenzufügen.

zuckte dunkle mächtig jeden **losgehen** erste dann **brauten** das **krachte** zusammen der Moment es Wolken sich Gewitter Blitz **konnte**

●●● Ein Satz oder mehrere – das ist die Frage. Kannst du sinnvolle Sätze bilden?

sperrte Die ihn die in Kinder fütterte und ins Hexe Hänsel lockte eifrig einen hungrigen und Käfig Knusperhäuschen

____

____

●● Vorsicht Falle! Wie viele Sätze kannst du aus diesen Wörtern machen? Du darfst jedes Wort mehrmals benutzen.

reitet Sarah **ruft** Paul **rennt** Lisa

____

Du siehst, hier dreht sich alles um das Verb. Damit ein Satz entsteht, braucht das Verb einen Partner. Erst der richtige Partner ergibt einen sinnvollen Satz.

● Auch das Verb kann Partner sein.
Hier sollst du es finden:

Hund, Huhn, Korb, Halsband, Stall, Hühnerstall, Katze, Hof, Gras, Wasser, Kuh, Pferd.

Bilde einfache Sätze und unterstreiche die Partner.

! Verben bezeichnen eine Tätigkeit: Paul isst.
Verben bezeichnen einen Vorgang: Die Farben verblassten.
Verben bezeichnen einen Zustand: Die Blume ist gelb.

● Wer beißt, wer kratzt, wer frisst wen?
Da hat ein Satzbaumeister aber nicht aufgepasst.

Flöhe fressen Hunde.
Antilopen kratzen Löwen.
Kinder beißen Katzen.

Das kann doch nicht stimmen. Du beseitigst das Durcheinander.
Du fragst und schreibst die richtige Antwort auf:

Fressen Flöhe Hunde?
Kratzen Flöhe Hunde?
Beißen Flöhe Hunde?

Du schreibst:

________________ ________________ ________________

●● Du kannst diese Wörter bestimmt so ordnen, dass sich sinnvolle Sätze ergeben. Es sind vier Sätze.

Dächer Schnitzel schaufeln Äste tragen Löcher schneiden
Fleischer haben Maulwürfe Häuser Bäume

________________________ ________________________

________________________ ________________________

Und nun weißt du:
Es ist wichtig, die Wörter an die richtige Stelle zu setzen.
Wie du die Wörter anordnest, hängt davon ab, was du sagen möchtest.

●●● Du entscheidest und setzt die Wörter ein.

Katzen – Mausefallen	Geister – Kinder	Fische – Jungen
Äffchen – Kinder	Menschen – Esel	Mädchen – Käfer

oder

Hunde	jagen	Füchse.	Füchse	jagen	Hunde.
....	hassen	....	....	hassen	....
....	kitzeln	....	....	kitzeln	....
....	fürchten	....	....	fürchten	....
....	reiten	....	....	reiten	....
....	essen	....	....	quälen	....

●● Du lernst lesen und fängst mit kurzen Sätzen an:
Pia rennt. Wolken ziehen. Sie ruft. Das Haus stürzt ein. Die Sonne scheint. Der Frühling kommt.

Später werden die Sätze länger:
Jedes Jahr zu Weihnachten besuchen wir die Großeltern. Was macht der Osterhase im Sommer und Winter, wenn er keine Eier anmalen muss?

● Du liest laut.

Leo jubelt. Karla fragt. Otto weint. Die Katze schleicht. Das Pferd springt.
Frage: Wer jubelt? Wer fragt? Wer schleicht? Wer springt?

Die Antwort ist einfach und du erkennst schnell:
Das Verb hat einen Partner. Du unterstreichst mit unterschiedlichen Farben. Lies jetzt nur die Verben. Macht das Sinn?

Im Satz dreht sich alles um das Verb. Also braucht jeder Satz ein Verb.

Lesen Sie Ihrem Kind die Sätze vor. Betonen Sie deutlich.
Helfen Sie mit Fragen.

Lies laut.

Die Mutter sagt zum Kind:
Iss!
Das Mädchen zur Katze:
Friss!
Der Junge zum Hund:
Piss!

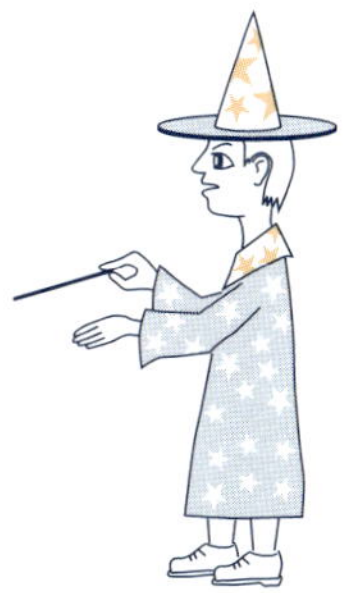

Iss! Friss! Piss!
Ein-Wort-Sätze sind Befehle.
Doch wo ist der Partner des Verbs?
Er spielt Verstecken.
Aber du findest ihn schnell.

Du zauberst und sagst: Hokuspokus.
Aus dem Kind, der Katze und dem Hund werden zwei Kinder, zwei Katzen und zwei Hunde.

Was sagt die Mutter zu den Kindern?	Esst.
Was das Mädchen zu den Katzen?	....
Was der Junge zu den Hunden?	....

Zauberei? Das Verb verändert sich, wenn du mehrere Tiere oder Menschen ansprichst. Und jetzt weißt du, der Partner des Verbs versteckt sich hier im Verb selbst.

Die Maus mopst ein Stück Wurst.

- Was ist denn hier passiert? Zähle zuerst die Silben, dann die Wörter.

Der Satz hat	*Wörter*	*Silben*
Die Maus mopst ein Stück Wurst.	....	....
Mäuschen stibitzt viele Stückchen Bockwurst.	....	....
Mausilein entwendet zahlreiche Zipfelchen Leberwurst.	....	....

Lesen Sie Ihrem Kind die Sätze laut vor. Lassen Sie es die Sätze einzeln wiederholen.

Lies die Sätze laut. Lass dir die Sätze vorlesen.
Welcher Satz klingt für dich am schönsten?
Welcher Satz gefällt dir am besten?
Welchen Satz kannst du am leichtesten auswendig sagen?

Wenn es der Satz mit den wenigsten Silben ist …

Prima!
Denn der Satz mit den einsilbigen Wörtern prägt sich auch den Zuhörern am schnellsten ein.

Hier schreibst du deinen eigenen einsilbigen Wort-Satz hin:

___

Kannst du auch eine kurze Rede mit einsilbigenWort-Sätzen halten?

___

___

___

Die Baumeister sind ganz entzückt,

sind Sätze Etwas ausgeschMückt.

Was ist ein ausgeschmückter Satz?
Darauf gibt es viele mögliche Antworten. Drei davon liest du hier:

- Sätze, die uns Dinge vorstellen, beschreiben, erklären.
- Sätze, die uns zum Denken anregen.
- Sätze, die uns ein Bild vermitteln und unsere Fantasie anregen.

Wer erfindet ausgeschmückte Sätze?

Klar, die Dichter. Aber auch du kannst Satz-Erfinder werden. Mach dich an die Arbeit.

Anna schläft. Es klirrt. Anna wacht auf. Sie steigt aus dem Bett. Sie öffnet die Tür. Der Geist steht da und grinst.

Ganz schön einsilbig, diese Geschichte. Bestimmt willst du mehr wissen:

Wieso? Weshalb? Warum?
Wer nicht fragt, bleibt dumm.

Kennst du das Lied aus der Sesamstraße?
Das Lied hat Recht – außerdem sind Fragen ein guter Trick, um Sätze auszuschmücken.

- Du fragst Wieso, Weshalb, Warum und ergänzt.

Opa zieht den Mantel an, weil er friert.
Das Huhn gackert, weil …
Auf der Straße sind Pfützen, weil …
Der Autofahrer bremst schnell, weil …
Anna hält sich den Bauch vor Lachen, weil …
Häuser, Bäume und Straßen liegen unter einer weißen Decke, weil …
Die Heiligen drei Könige kamen aus dem Morgenland, weil …
Die Hexe lockt Hänsel und Gretel ins Knusperhaus, weil …

- Der Satz-Erfinder hat noch andere Fragen.
Du fragst: WO?

Der Weihnachtsmann stand ....
Tausende von Sternen stehen ....
Das Kaninchen steckte ....
Max hat sich .... eingeschlossen.
Das Knusperhaus steht ....

.... hat der Adler seinen Horst.

Der Hochstand des Jägers steht ....

Setze die folgenden Satzbausteine ein.

im finsteren Märchenwald | im Klo | Oben in der Felswand

dort, wo sich Fuchs und Hase Gute Nacht sagen

auf der Straße | im Hut des Zauberers | am Himmel

●●● Welche Frage stellst du nun?

um halb acht – um viertel vor fünf – Abends – und nur, wenn sie Zeit hat,

.... liest Papa mir eine Gute-Nacht-Geschichte vor.

Ich stehe jeden Morgen .... auf.

Ich fahre mit dem Bus ....

Großmama hat viel zu tun .... spielt sie mit mir.

Du setzt die Satzbausteine ein und fragst: ....?

Fragen über Fragen für ausgeschmückte Sätze. Und du hast noch längst nicht alle Fragen gestellt.

Was hältst du von tierischen Vergleichen?

Kalle brüllt wie ....
Lena turnt wie ....
Jule ist falsch wie ....
Max ist tapsig wie ....
Marie trägt Streifen wie ....
Tom schläft wie ....

ein Dachs – ein Äffchen – ein Bär – ein Murmeltier – eine Schlange – ein Löwe

Setze ein. Du findest bestimmt noch andere tierische Vergleiche, wenn du fragst:

.... ?

Einfach prima! Du merkst:
Ausgeschmückte Sätze benennen und beschreiben oft genauer.
Sie können aber auch ganz schön lang sein.
Weißt du, dass man besonders lange Sätze Bandwurmsätze nennt?

Hier ist einer. Lies laut:

Ein Bandwurm wusste ganz genau,
er liebte seine Bandwurmfrau
und seine lieben Bandwurmkinder,
die liebte er nicht minder.

Sätze machen Sinn und erzählen Geschichten

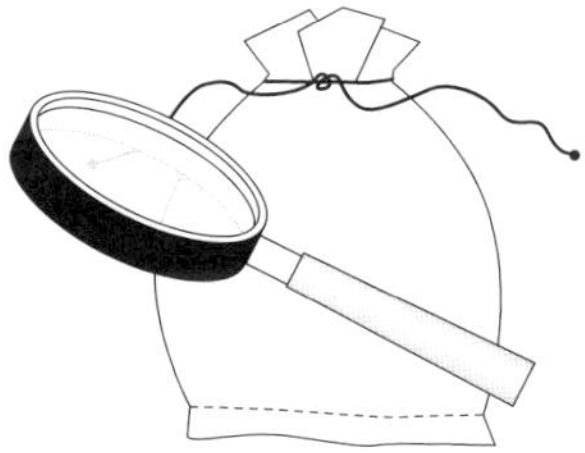

Flinkis Sack voller Edelsteine ist gestohlen. Da kann ihm auch sein Freund Grollo nicht helfen. Da muss ein Detektiv her – und das bist du.
Der Detektiv hat viele Fragen an Flinki, das Opfer.

Du fragst:	*Flinki antwortet:*
Was ist gestohlen?	Der Sack voller Edelsteine
Wann wurde der Sack gestohlen?	______________________
Wo war der Sack?	______________________
Wie sah der Sack aus?	______________________
Wer hat den Sack gestohlen?	______________________
Warum wurde der Sack gestohlen?	______________________

Wer den Sack gestohlen hat und **warum** der Sack gestohlen wurde – das muss der Detektiv herausfinden. Wenn er das kann, hat er den Täter und das Motiv. Aber ihm hilft auch, wenn er weiß, wo der Sack war und wie er aussieht.

Detektivspielen ist eine tolle Sache für zwei oder mehr Kinder an langweiligen Regentagen. Einer von euch ist Detektiv, der andere das Opfer eines Verbrechens oder eines Unfalls.
Die Fragen muss der Detektiv abwandeln, also bei einem Unfall:

Was ist passiert?
Wann ist es passiert?
Wo ist es passiert?
Wie ist es passiert?
Wer ist der Verursacher?
Warum ist es passiert?

Tipp! Ob du eine Geschichte erzählen willst oder der Mutter berichtest, wie es zu der Verletzung beim Sport gekommen ist – diese sechs Fragen musst du im Kopf haben und beantworten:

Wer? Was? Wann? Wo? Wie? Warum?

Das ist doch wie verhext:
Aus Wörtern wird ein Text.

Werden Sätze zusammengefügt, erzählen sie Märchen oder Geschichten, berichten von Fußballspielen oder Springturnieren, beschreiben, wie Ritter auf ihren Burgen oder die Dinosaurier während der Urzeit lebten, erklären den Unterschied zwischen indischen und afrikanischen Elefanten oder was eine Mondfinsternis ist.

Lesen Sie Ihrem Kind den Text vor. Diskutieren Sie mit ihm über die Reihenfolge.

●● Hier kannst du lesen, wie Flinki überhaupt an den Sack voller Edelsteine gekommen ist. Aber die Sätze sind durcheinander geraten. Kannst du sie in die richtige Reihenfolge bringen? Lies und nummeriere sie.

☐ Flinki will den Sack hochheben. ☐ Der Höhleneingang ist sehr niedrig. ☐ Aber der Sack ist zu schwer. ☐ In der Höhle findet er einen Schatz. ☐ Da ruft Flinki laut nach seinem Freund Grollo. ☐ Flinki füllt die Edelsteine in seinen Sack. ☐ Es sind lauter Edelsteine. ☐ Flinki muss sich bücken. ☐ Dann bindet er den Sack zu. ☐ Sie leuchten wunderschön rot und blau und grün.

Schreibe nun die Sätze in der richtigen Reihenfolge auf. Lies den Text noch einmal laut.

Lassen Sie Ihr Kind den Zwerg auf dieser Seite beschreiben. In der nächsten Aufgabe muss es dann sich selbst beschreiben.

Den Zwerg kennst du schon. Aber was herrscht hier für ein Durcheinander?

Er trägt Hosen. ☐

Er trägt eine Zipfelmütze. ☐

Er trägt eine gestreifte Jacke. ☐

Er hat eine große Nase. ☐

Er hat an den Füßen Holzschuhe. ☐

Er hält einen Stock in der rechten Hand. ☐

Er hat zwei schwarze Augen. ☐

Hilfst du, alles wieder in Ordnung zu bringen? Beginne mit dem Hut und kennzeichne die richtige Reihenfolge durch Zahlen 1, 2, 3 …

Aus diesem Durcheinander kannst du für dich und deine Freunde ein Spiel machen. Ihr bestimmt durch einen Abzählreim, wer beginnt.

Wer dran ist, der muss einen von euch beschreiben. Und damit es nicht zu leicht ist, wirbelt er alle Einzelbeschreibungen durcheinander. Ihr müsst raten, wer gemeint ist. Wer als erster rät, darf als nächster jemanden beschreiben.

Stelle dich vor den Spiegel und beschreibe dich. Fange oben an.

Ich habe ....

Ich habe ....

Ich habe ....

Ich habe ....

Ich habe ....

Ich habe ....

Ich habe ....

Jetzt frage deine Freunde, deine Eltern, wer gemeint ist. Beschreibe deine Mutter, deinen Vater, Geschwister oder Freunde.

Sinn-Such-Sätze und Unsinns-Sätze

Sag mir, Schatz,
wie heißt der Satz?
Wo ist der Sinn?
Wo führt das hin?

Helfen Sie Ihrem Kind bei diesen Sätzen. Lassen Sie es langsam lesen.

AN NAIS STANA NAS

Ja, welche Sprache ist denn das? Lies doch einfach langsam und laut! Na, hast du erkannt, wie der Satz richtig lautet? Prima, dann sind auch diese Sätze für dich kein Problem.

OT TOFR AGT DENON KEL

JON ASI STLI EB

DI EKAT ZESIT ZTAMMA USEL OCH

Kennst du dieses Kinderlied? Es ist eigentlich ein gesungenes Rätsel. Und so alt, dass deine Großeltern es schon gesungen haben.

Nanu, was ist los? Hier ist doch einiges durcheinander geraten:

Au funs rerWie sege hetwas wa tetdurch di eSüm pfe Esha tein

schwar zwe ißRöck chenan träg tauch ro teStrüm pfefängt dieF

rösch eschnapp schnapp, klap pertlu stigklap perdiklapp.

Du schreibst die Liedstrophe richtig auf.
Prima, das ist schon wieder eine Geheimschrift.

●●● *Gelber Sand unter den Hufen* heißt diese Geschichte. Das ist ein kleiner Ausschnitt daraus. Versuche herauszufinden, was hier passiert:

DieSt ute warwund er schönund ganzan dersals Belle, ihrdic kesal tes Pony. Und dagabes nu reins: Sarah schwang si chauf den Pfer derüc ken. Ka umsaß sieoben, trab tedieStu tean. DieRe ite rinbrauch teke ine Hil fezuge ben, sichnur mitden Hän denander Mäh nefestzu halten. Dannfiel dieStu teinGa lopp. Siejag tenüberden gol denen Sand weg dem Horiz ontzu. Im merschnel lerundda sMäd chenauf demP ferderüc kenspürte den Windin den Ha aren.

Und nun schreibst du in dieser Geheimschrift eine Botschaft an deine Freundin oder deinen Freund.

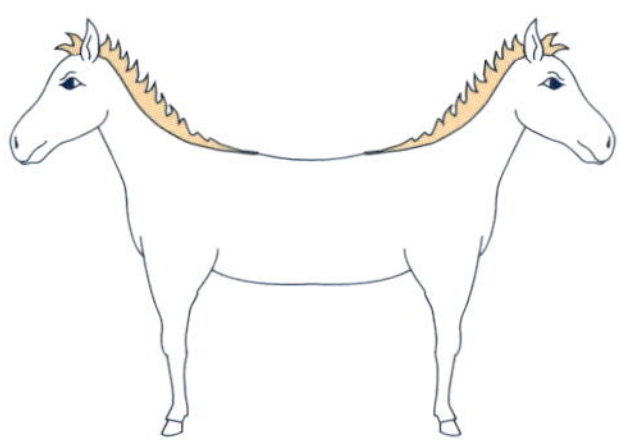

Was hat bloß Annsusanna hier zu suchen? Sie möchte dir für das folgende Spiel einen Tipp geben.

●●● Was werden du und deine Freundinnen zu diesen Sätzen sagen? Ihr findet es schnell heraus, wenn ihr wie die Araber von rechts nach links lest. Schreibt sie auch so auf.

Alle necken Ella. ______________________
Anni roch Corinna. ______________________
Anni, meide die Minna! ______________________
Anna hetzte Hanna. ______________________
Anita, beiss sie, bat Ina. ______________________
Bei Liese sei lieb! ______________________

Lösungen

Seite 11	A – B
Seite 13	Frohes Fest/Guten Rutsch
Seite 14	Viel Erfolg beim Knobeln
Seite 15	L
Seite 17	Reittier
Seite 23	a,u
Seite 28	ss–s–ss–s–s–ss–ss–s—ss–s–s / t–tt–m–mm–mm–m–tt–t ss–ss–s–ss–ss–ss–s–ss–s–s
Seite 29	meine – deine
Seite 30	Saum, Art, Reise, Wiese, Rast / Tonne – Noten
Seite 31	Hund, Hund, Vogel, Spatz, Frosch, Kuh, Kuckuck, Biene, Uhu, Hahn, Huhn, Fliege, Esel
Seite 32	tatütata–dingdong–klackklack–ticktack–brummbrumm
Seite 35	Ich bin Elke
Seite 36	An Paul und Paula! Kommt um Mitternacht zum Schloss. Ich erwart euch hoch zu Ross. Das Nachtgespenst
Seite 38	Psst, streng geheim!
Seite 40	Eisenerz, Hühnerstall
Seite 41	Apfelbaum, Bushaltestelle, Fußball, Teekanne
Seite 42	Streitaxt, Überfluss, Zankapfel, Kummerspeck, Dummkopf
Seite 43	Bankraub, Bilderrätsel, Tierschutz, Halsweh, Heidenangst
Seite 44	-gel/-sche/-fen/-ne
Seite 48	Ich bin zwei Meter groß/Katzen mögen gerne Milch/Ich gehe in die Schule Um Mitternacht spuken Gespenster/Schildkröten laufen schneller als Hunde
Seite 49	Eisschnelllauf, Abfahrtslauf, Fußballspiel, Skispringen, Balletttanz
Seite 52	-sen/-men/-mel/-mer
Seite 53	erhört – er hört/Vers enden – versenden Trifft Herr Mann den kleinen Hermann, sagt er: Komm her, Mann.
Seite 54	Ha-/Ra-/Ei-/fei-/dop-/schäf-/hop-/kräf-/tau-/ro-/Bo-/brau-
Seite 60	Meckermoos, Brummbrombeeren, Mosermöhre, Schimpfschelle, Grummelgras, Knurrknolle, Zitterzeder, Wutweizen / Findet Nemo

Seite 61	Mein Schwein Helene verschwand gestern. Hast du mein Schwein gesehen? Bitte ruf an. An Emma und Anton Nächsten Sonntag, möchte ich wetten, rassel ich mit meinen Ketten spuke toll durch eure Betten Nichts, rein gar nichts wird euch retten. Der Vampir
Seite 67	Vogelkäfig, Baumhaus, Rosenstrauß, Spinnennetz, Regenbogenschlange
Seite 69	Baum, Apfel, Hausmaus, Feldmaus
Seite 71	Maus / Straßen**pflaster** – Wund**pflaster** / Fliegen – fliegen
Seite 72	das
Seite 82	Sommer/Rap/Ratten/Afrika/Chemie/Dach/Winter/Lotto/lieben/Rumpf
Seite 83	Bohnen/Schildkröte/Schlange/Rind/Geld/Wurm/Biber/Käse/Tiger/Hase/Vogel/Flinki
Seite 84	gelb, orange, rot, grün, blau, violett
Seite 85	aus/und/Erz/Affe/Ecke/lang
Seite 86	Nacken/Ecken/immer/Ofen/Ufer/Amen/Eiter
Seite 88	Tritt, Fall, Trubel, Band, Pack, recht, Tat, Saus
Seite 90	Nebel eben
Seite 92	Fischers Fritz fischt frische Fische
Seite 95	Dunkle Wolken brauten sich zusammen. Jeden Moment konnte das Gewitter losgehen. Der erste Blitz zuckte. Dann krachte es mächtig.
Seite 96	Die Hexe lockte die hungrigen Kinder ins Knusperhäuschen und sperrte Hänsel in einen Käfig und fütterte ihn eifrig. Sarah reitet. Paul reitet. Lisa reitet. Sarah ruft. Paul ruft. Lisa ruft. Sarah rennt. Paul rennt. Lisa rennt. Für ganz gewitzte Kinder: Sarah ruft Paul. Paul ruft Sarah. Lisa ruft Sarah. Sarah ruft Lisa. Paul ruft Lisa. Lisa ruft Paul.
Seite 97	Häuser haben Dächer. Bäume tragen Äste. Fleischer schneiden Schnitzel. Maulwürfe schaufeln Löcher.
Seite 100	Satz 1: 6 Wörter, 6 Silben; Satz 2: 5 Wörter, 10 Silben; Satz 3: 5 Wörter, 15 Silben
Seite 106	Der Höhleneingang ist sehr niedrig. Flinki muss sich bücken. In der Höhle findet er einen Schatz. Es sind lauter Edelsteine. Sie leuchten wunderschön rot und blau und grün. Flinki füllt die Edelsteine in seinen Sack. Dann bindet er den Sack zu. Flinki will den Sack hochheben. Aber der Sack ist zu schwer. Da ruft Flinki laut nach seinem Freund Grollo.